KB188613

조 성 수 지음

챗GPT 고수를 꿈꾸는 당신을 위하여

이 책을 드립니다

이 책을 시작하며

프롤로그

샘 알트만, 오픈AI의 공동 창립자이자 혁신적인 아이디어로 세계를 변화시키는 데 일조한 인물이다. 그의 창조적 아이디어 생성의 비밀은 기존의 틀을 깨고, 새로운 시장을 창출하는 데에서 비롯되었다. 이 책은 샘 알트만이 오픈AI를 설립하고, AI 기술을 선도하며 쌓아올린 지식과 경험을 바탕으로 창조적 아이디어를 생성하는 그의 방법과 철학을 탐구했다.

샘 알트만은 현대 기술 업계의 가장 주목할만한 인물 중 하나이다. 그의 성공 방법은 현실 세계에서 독창적인 아이디어들을 신속하게 테스트하고 실행하는 데 있다. 그는 실패를 두려워하지 않고, 오히려 실패를 성공으로 가는 길에 있는 필수적인 단계로 여긴다. 이러한 접근 방식은 샘 알트만이 와이콤비네이터를 통해 다양한 스타트업에 자문을 제공하면서 강조하는 핵심 원칙 중 하나이다.

샘 알트만은 성공을 위해 필요한 여러 가지 요소 중에서도 특히 창의적 사고와 혁신을 강조한다. 그는 기술과 자본을 포함한 자원을 동원하여 새로운 아이디어를 생성하는 것이 중요하다고 믿는다. 이 책은 기존에 없던 혁신적인 아이디어로 새로운 시장을 창출하는 것의 중요성을 강조하고자 한다.

더불어, 샘 알트만은 인공지능 기술의 개발과 적용에서도 주도적인 역할을 하고 있다. 그는 사용자가 원하는 내용을 챗GPT 프롬프트에 입력하여 다양한 유형의 콘텐츠를 생성할 수 있는 기술의 중요성을 인식하고 있다. 이러한 기술은 새로운 형태의 창의적 사고를 가능하게 하며, 샘 알트만의 성공 방식을 더욱 풍부하게 만들어 준다.

샘 알트만의 성공과 혁신에 관한 내용은 그의 다양한 경험과 철학에서 비롯된다. 샘 알트만은 "챗GPT의 아버지"로 불리며, 그의 성공 이야기는 명문대를 중퇴한 일론 머스크와 같은 다른 기술 혁신가들과 함께 실리콘밸리의 성공 스토리로 널리 알려져 있다.

샘 알트만의 접근 방식과 성공 비결은 창업가들에게 실패를 두려워하지 않고, 혁신적인 아이디어를 현실에서 빠르게 테스트하며 찾아내는 법을 강조한다. 이는 창업의 여정에서 겪게 될 어려움과 관리 요령, 그리고 성공 창업을 위한 비밀까지 포괄하는 광범위한 주제들과 맞닿아 있다.

샘 알트만의 삶과 업적을 통해 우리는 그가 기술을 바라보는 독특한 관점을 엿볼 수 있다. 그는 기술 자체가 목표가 아니라, 기술을 통해 더 나은 세상을 만드는 것이 궁극적인 목표라고 강조한다. 그의 이러한 철학은 AI 기술이 인류의 문제를 해결하는 데 어떻게 기여할 수 있는지에 대한 깊은 성찰을 바탕으로 하고 있다. 오픈AI의 연구와 개발 방향 역시 이러한 철학을 반영하여 기술과 인간이 함께 공존하고 발전할 수 있는 미래를 지향하고 있다.

샘 알트만의 리더십과 비전은 오늘날 AI 기술의 발전에 지대한 영향을 미쳤으며, 앞으로도 계속해서 중요한 역할을 할 것이다. 그의 철학은 단순한 기술적 성취를 넘어, 인류 전체의 이익을 고려하는 포괄적인 시각을 담고 있다. 그는 AI가 인류의 삶을 개선하고, 더 나아가 우리가 직면한 복잡한 문제들을 해결하는 데 중요한 역할을 할 수 있음을 강조하며, 이를 위한 지속적인 도전과 혁신을 추구하고 있다. 그의 이야기는 기술이 우리 사회에 미치는 영향을 다시금 생각하게 만들며, 그가 꿈꾸는 더 나은 미래에 대한 희망을 심어준다.

샘 알트만의 여정은 단순한 기술 혁신의 이야기를 넘어, 인류가 기술과 함께 어떻게 더 나은 세상을 만들어 나갈 수 있는지에 대한 중요한 교훈을 제공한다. 이는 우리가 AI 기술을 통해 어떤 미래를 그릴 수 있을지에 대한 깊은 영감을 주며, 앞으로의 기술 발전 과정에서 지속적인 반향을 일으킬 것이다. 이 책은 샘 알트만의 위대한 업적과 챗GPT 관련 여러가지 틀을 이용하여 생성형 AI가 대한민국 인공지능 세상에서 한 발쯤 더 앞서 나가고 발전하기를 기원한다.

또한, 본서를 집필하는 동안 응원하고 용기를 준 한국협업진흥협회 윤은기 회장님을 비롯 한국AI교육협회 문형남 회장님과 윤영선 이사, 김진영 이사들과 국제미래학회 위원님들, 한국자격교육협회 조윤호 회장님과 한국잡지협회 회원님들, 30여 년간 동고동락했던 제가 회장으로 있는 한국골프미디어협회 회원님들과 사랑하는 가족들과 딸 조윤아에게 감사를 전합니다. 그리고 본서를 출간한 광문각의 박정태 회장님과 함께 수고해 준 편집진들에게도 감사를 드립니다.

2024. 10. 20

조성수 한국AI교육협회 부회장

챗GPT인공지능지도사협회 수석부회장
국제미래학회 디지털교육위원장
한국골프미디어협회 회장
골프먼스리코리아 대표
퍼블리싱킹콘텐츠 대표
golfmonthly@empal.com

추천사

인공지능(AI)이 전문가 시대에서 사용자 시대로 전환되면서 인류는 창조 혁명을 맞이하고 있다. 창조는 각고의 노력 끝에 무에서 유를 찾아내는 원천 창조로 시작하여 모방 창조, 융합 창조, 초융합 창조로 혁신을 거듭하고 있다.

챗GPT는 기술과 아이디어, 현실과 꿈을 융합시켜 초융합 창조를 가능하게 하고 있다. 늘 변화의 화살을 놓치지 않고 스스로 변화 혁신을 거듭하고 있는 저자가 이번에도 정신이 번쩍 나는 창의 혁신 방안을 제시하고 있다. 빠른 학습자가 성공하는 세상이다. 신문명에 도전하는 분들에게 정독을 권한다.

윤은기 경영학박사

한국협업진흥협회 회장, 중앙공무원교육원장(24대)

인공지능은 기후 변화 문제 해결에서 중요한 역할을 할 수 있는 강력한 도구로 자리매김하고 있습니다. 복잡한 기후 데이터를 분석하고, 예측 모델을 개선하며, 탄소 배출을 줄이는 최적의 방법을 찾는 데 큰 도움을 줄 수 있습니다. 특히 에너지 효율성 향상, 재생 가능 에너지 최적화, 자연 생태계 관리 등 다양한 분야에서 인공지능의 활용은 기후 위기에 대한 대응 능력을 한층 더 높여 줄 것입니다.

이 책이 인공지능의 발전과 가능성에 대한 통찰을 제공함으로써 지속 가능한 미래로 나아가는 데 중요한 밑거름이 되길 기대합니다.

조석준 제 9대 기상청장

레인버드지오 회장

'AI 2025 활용 백과 with 샘 알트만'은 AI 혁명의 최전선에 선 최고 혁신가의 생각과 비전을 생생하게 담아낸 필독서입니다. 이 책은 단순한 성공 스토리를 넘어, AI가 인류의 미래를 어떻게 형성할지에 대한 깊이 있는 통찰을 제공합니다. 샘 알트만의 독특한 사고방식, 도전 정신, 그리고 윤리적 고민들을 상세히 다루며, 독자들에게 기술 혁신의 이면에 있는 인간적인 측면을 보여 줍니다.

AI에 관심 있는 모든 이들, 미래를 준비하는 기업가와 정책 입안자들에게 이 책은 귀중한 나침반이 될 것입니다. 기술의 발전과 인류의 번영이 어떻게 조화를 이룰 수 있는지, 그 해답의 실마리를 이 책에서 찾을 수 있을 것입니다. AI가 주도하는 새로운 시대를 이해하고 준비하고 싶은 모든 이에게 강력히 추천합니다.

문형남 경영학박사

공학박사와 북한학박사 수료, 숙명여자대학교 글로벌융합대학 학장 겸 글로벌융합학부 교수,
한국AI교육협회 회장, 한국구매조달학회 회장

조성수 대표님의 저서 발간을 진심으로 축하드립니다. AI와 인공지능 시대를 살아가는 모든 이에게 이 책은 필수적인 지침서이자 가이드북이 될 것입니다. 조성수 대표님께서는 인공지능 시대에 우리가 나아가야 할 방향을 명확히 제시해 주셨으며, 복잡한 개념을 쉽게 풀어내어 독자들이 유용한 정보를 손쉽게 찾고 적용할 수 있도록 구성해 주셨습니다. 이 책은 그야말로 AI 시대의 핵심 백과사전입니다.

오랜 경험과 깊은 통찰력을 바탕으로, AI와 관련된 필수적인 지식과 전략을 체계적으로 정리하신 조성수 대표님은 AI 선도주자에 맞는 예명 'AI JOBS'의 선구자로서, 그간 쌓아온 방대한 지식을 바탕으로 AI의 미래를 준비하는 이들에게 실질적인 조언과 비전을 제시하고 있습니다. 'ASIA JOBS'라는 애칭이 붙을 정도로 AI 분야에서 보여 주신 리더십과 혁신은 독자들에게 큰 영감을 주며, AI 시대를 준비하는 중요한 나침반이 되어 줄 것입니다. 다시 한번 조성수 대표님의 저서 발간을 축하드리며, 이 책이 더 많은 독자들에게 지혜와 영감을 주어 AI 시대를 선도할 수 있는 든든한 동반자가 되길 바랍니다.

윤영선 챗GPT인공지능지도사협회 부회장

한국AI교육협회 이사

이 책은 샘 알트만과 오픈AI의 설립 과정, 챗GPT의 개발 역사, 그리고 AI가 사회에 미치는 영향을 심도 있게 다룹니다. AI가 경제, 교육, 의료 등 여러 분야에서 어떤 변화를 가져오는지를 설명하며, 인공지능 윤리와 미래에 대한 포괄적인 논의도 포함되어 있습니다.

저자는 명확한 설명과 실용적인 예시를 통해 독자들이 쉽게 내용을 이해할 수 있도록 돕고, 특히 이 분야에 처음 관심을 가지는 이들에게 유익한 정보를 제공합니다. 단순한 정보 전달을 넘어서, 이 책은 독자들의 관점과 통찰을 확장하는 것을 목표로 하여 깊이 있는 이해를 원하는 사람이라면 꼭 읽어볼 만한 책입니다.

이상학 공군사관학교 초빙교수(예비역 공군 중장)

전 공군참모차장, 공군사관학교장

정보통신기술의 발달로 이루어지는 초지능, 초연결, 초융합의 4차 산업혁명 시대를 살아가고 있는 지금, 무엇이 핵심인지 정확하게 인식하는 것이 무엇보다도 중요합니다. 4차 산업혁명에도 여러 분야가 있는데, 인공지능(AI)을 포함하여 드론, 자율주행차, 가상현실 등 다양한 산업이 있습니다.

이 중에서도 가장 중요한 인공지능(AI)을 조성수 대표가 쓴 저서를 제대로 배워보고 싶은 모든 독자들에게 이론과 실무를 조화롭게 병행해 발간한 이 책을 기쁜 마음으로 추천합니다.

김흥기 사단법인한국사보협회 회장

런던광고제 한국대표부 대표, 민족문학연구회 회장(시인)

이제 인공지능(AI)은 현대 사회의 필수 기술로 자리 잡았으며, 우리의 일상생활뿐만 아니라 산업, 예술, 교육 등 모든 영역에서 혁신을 이끌고 있습니다. 이런 가운데 ChatGPT 인공지능AI 전문가인 조성수 대표가 책을 출간했습니다. 서점가에 인공지능AI를 소개한 관련 서적이 매일 산더미처럼 쏟아져 나오고 있는데 이 책은 격(格)이 좀 다릅니다.

이 책은 AI 기술의 본질을 쉽게 이해할 수 있도록 풀어내면서도, 미래를 선도할 잠재력에 대한 깊이 있는 통찰을 제공하고 있습니다. 저자는 복잡한 기술적 개념을 누구나 알기 쉽게 설명하며, AI의 과거, 현재 그리고 미래를 조망하는 동시에 AI가 사회에 미칠 영향력에 대해 명쾌하게 정리하고 있습니다. 특히 AI가 창출할 기회와 함께 그로 인해 발생할 수 있는 윤리적 도전과 과제를 균형 있게 다루며, 독자들에게 책임 있는 AI 사용의 중요성을 환기합니다. 특히 이 책은 인공지능의 기본 개념부터 최신 연구 동향까지 포괄적으로 다루고 있으며 이해하기 쉽고 흥미로운 예시와 함께 설명되어 있어 인공지능에 대한 지식을 넓히고자 하는 학생과 직장인, 연구자들, 그리고 이 분야에 관심이 있는 모든 사람들에게 귀중한 자료가 될 것이며, 인공지능을 활용한 혁신적인 아이디어와 창의적인 문제 해결 능력을 키울 수 있을 것입니다.

이 책을 통해 독자들은 AI가 단순한 기술을 넘어 인류의 새로운 도구로써 어떻게 발전해 나갈지에 대한 폭넓은 시각을 얻을 수 있을 것입니다. 기술에 관심 있는 분들뿐만 아니라 AI의 미래를 궁금해하는 모든 독자에게 일독을 권하며 강력히 추천합니다.

조윤호 한국자격교육협회 회장

사단법인 한국심리상담협회 이사장, 교육학박사

샘 알트만과 오픈AI의 혁신은 인공지능의 미래를 밝히는 중요한 이정표입니다. 조성수 대표님은 이 책에서 특히 AI 기술이 의료 분야에서 정밀한 데이터 분석과 의사 결정에 어떻게 기여할 수 있는지를 명확히 설명하고 있습니다.

AI가 의료 현장에서 진단과 치료의 혁신을 이끌 수 있는 가능성을 탐구하며, 의료 인공지능의 발전을 위한 방향성을 제시합니다. 샘 알트만의 기술적 리더십과 윤리적 책임을 균형 있게 다루며, 인공지능 시대를 준비하는 의료 전문가들에게 실질적인 지침과 영감을 제공하는 필독서입니다.

문영래 광주광역시 서구 의사회 회장

문영래 정형외과 병원장

목차

1부

챗GPT의 아버지와 AI의 미래

오프닝

PART 1

샘 알트만과의 첫 만남

1-1 샘 알트만 소개

샘 알트만은 현대 기술 분야의 중심 인물 중 한 명으로, 그의 업적과 영향력은 다양한 분야에 걸쳐 있다. 특히, 그는 인공지능 연구 기관인 오픈AI의 공동 창립자이자 창업가 지원 프로그램인 와이콤비네이터의 전 대표로 잘 알려져 있다.

샘 알트만의 경력은 창의력과 혁신적인 아이디어로 새로운 시장을 창출하고 성공하는 데 중점을 둔다는 점에서 주목할 만하다. 그는 기존에 없던 혁신적인 아이디어로 성공하는 방법에 대해 깊은 통찰력을 가지고 있다.

샘 알트만은 또한 디지털 혁신과 열린 기술 분야에서 활발한 활동을 하며, 오픈

AI를 통해 인공지능 기술의 발전에 큰 기여를 하고 있으며, 그는 회사와 투자자들, 협력 기관들을 안심시키며, 기술의 긍정적인 측면을 증진시키는 데 힘을 썼다.

오픈AI와 함께한 그의 여정은 인공지능 분야에서의 지속 가능한 발전과 윤리적 접근을 모색하는 것을 목표로 했다. 이러한 노력은 오픈AI가 마이크로소프트와의 협력을 통해, 언어 모델과 자연어 처리 분야에서 중대한 진전을 이루는 데 중요한 역할을 했다.

샘 알트만의 철학과 리더십은 창업가와 기술 혁신가들에게 큰 영감을 제공했다. 그의 추구하는 가치와 비전은 기술이 인류에 미치는 긍정적인 영향을 극대화하는 데 중점을 두고 있으며, 이는 오픈AI의 사명과도 일치한다.

샘 알트만의 작업은 기술의 미래와 인간의 역할에 대해 깊이 있는 통찰력을 제공하며, 그의 지도 아래 오픈AI는 인공지능 연구와 개발에서 선구적인 역할을 하고 있다. 그의 비전과 업적은 기술과 인간의 미래에 대한 우리의 이해를 넓히는 데 중요한 기여를 하고 있다.

1-2 챗GPT와 오픈AI의 탄생

챗GPT와 오픈AI의 탄생은 현대 기술 세계에서 중대한 이정표로, 이들의 성공은 여러 요소에 기인한다. 오픈AI는 챗GPT를 선보임으로써 전 세계 생성형 AI 기술 수준을 한 단계 끌어올렸으며, AI 비즈니스에 새로운 활력을 불어넣었다. 챗GPT의 탄생 비화는 오픈AI 개발자들의 혁신적 사고와 실험적 접근에 뿌리를 두고 있으며, 챗GPT 개발팀은 이 기술을 과대평가하지 않으려는 겸손한 태도를 유지했다.

챗GPT의 성공 비결 중 하나는 사용자 친화적인 대화형 설계로, 출시 초기 모든 이용자에게 무료로 제공되었고, 사용자가 편하게 느끼는 대화형으로 설계되었다는 점이다. 이러한 접근성과 사용자 중심 설계는 챗GPT에 대한 큰 반향을 일으켰다.

오픈AI는 GPT-3.5 모델에 3단계의 훈련 과정을 활용한 강화학습을 적용하여, 챗GPT가 사용자의 질문에 자연스러운 대화와 완성도 높은 내용으로 답할 수 있도록 했다. 이러한 고도화된 훈련 기법은 챗GPT의 응답 품질을 높이는 데 핵심적인 역할을 했다. 오픈AI는 예정보다 빨리 2023년 3월 15일 GPT-4 모델 서비스를 개시했다. GPT-4는 학습량을 가늠할 수 있는 매개변수(파라미터)가 최소 1조 개에 이르러 1,750억 개인 챗GPT보다 500% 이상 많은 것으로 예상된다. 챗GPT-4o에서 최근 챗GPT-o1(o1 Preview와 o1 mini)는 오픈AI가 최근에 선보인 새로운 인공지능 모델이다. 이 모델은 기존의 챗GPT보다 더 뛰어난 추론 능력을 가지고 있으며, 특히 복잡한 문제를 해결하는 데 강점을 보인다.

스트로베리 프로젝트 '스트로베리'는 이 새로운 모델을 개발하는 과정에서 사용된 내부 프로젝트명이다. 이 이름은 아마도 프로젝트의 신선함과 혁신성을 나타내기 위해 선택된 것 같다. 주요 특징과 개선 사항은 향상된 추론 능력, 이전 모델보다 더 복잡한 과학, 수학, 프로그래밍 문제를 해결할 수 있다. 예를 들어, 복잡한 물리 문제를 단계별로 풀어내거나, 고급 수학 개념을 더 정확하게 설명할 수 있다. 개선된 사고 과정은 인간처럼 문제를 곧바로 해결하려 들지 않고, 충분히 생각한 후 답변한다. 여러 가지 해결 방법을 고려하고, 자신의 실수를 인식하고 수정할 수 있다. 독자적 학습 능력으로 인터넷을 스스로 탐색하고 정보를 수집할 수 있는 능력을 개발 중이다. 이를 통해 장기적인 과제를 수행하거나 최신 정보를 활용할 수 있게 될 것이다. 심층 연구 데이터 활용등 다양한 분야의 전문적이고 깊이 있는 정보를 학습했다. 이로 인해 전문 분야에 대한 이해도가 크게 향상되었다.

과학 연구: 복잡한 과학 실험 설계를 도와주거나, 연구 결과를 분석하는 데 활용될 수 있다.

프로그래밍: 더 복잡한 코드를 작성하거나 디버깅하는 데 도움을 줄 수 있다.

교육: 학생들에게 복잡한 개념을 단계별로 설명하거나, 맞춤형 학습 자료를 제공할 수 있다.

챗GPT-o1(o1 Preview와 o1 mini)과 스트로베리 프로젝트는 AI 기술의 새로운 지평을 열 것으로 기대된다. 더 정확하고 신뢰할 수 있는 AI 조수로서 다양한 분야에서 인간의 능력을 보완하고 확장시킬 수 있을 것이다.

이러한 발전은 AI가 단순한 정보 제공을 넘어, 복잡한 문제 해결과 창의적인 사고를 요구하는 작업에서도 인간과 협력할 수 있는 단계로 나아가고 있음을 보여준다.

챗GPT와 함께 등장하는 생성형 AI(Generative AI) 기술은 오픈AI의 전유물은 아니지만, 오픈AI는 이 기술을 대중화하고 사업화하는 데 선두적인 역할을 했다. 특히, 오픈AI는 생성형 AI의 비즈니스 기회를 선점하고 기술의 상업적 활용 가능성을 탐색함으로써 AI 분야에서의 리더십을 확립했다.

챗GPT와 오픈AI의 탄생과 성공은 혁신적인 기술 개발, 사용자 중심의 설계, 고도화된 훈련 기법, 그리고 기술 상업화에 대한 전략적 접근의 결합으로 이루어졌다. 이러한 요소들이 조화롭게 작용하여, 챗GPT와 오픈AI는 전 세계 AI 분야에서 혁신의 상징으로 자리매김하게 되었다.

1-3 샘 알트만의 혁신을 향한 첫걸음

샘 알트만의 여정은 기술과 혁신에 대한 깊은 열정에서 시작되었다. 그의 첫걸음은 대학을 중퇴하고 창업에 뛰어든 대담한 결정으로부터 비롯되었다. 이 결정은 단순한 선택이 아닌, 기술을 통해 세상을 변화시키겠다는 그의 깊은 의지를 반영한 것이었다.

샘 알트만의 창업 여정은 와이콤비네이터의 설립과 함께 본격화되었다. 와이콤비네이터는 초기 단계 스타트업에 자금을 제공하고 멘토링하는 액셀러레이터 프로그램으로, 수많은 기술 스타트업이 성공의 길로 나아갈 수 있는 발판을 마련해주었다. 샘 알트만은 이 과정에서 혁신적 아이디어와 사업 모델을 가진 창업가들을 지원하는 데 중점을 두었으며, 그의 리더십 하에 와이콤비네이터는 기술 창업의 중심지로 자리매김하게 되었다.

하지만 샘 알트만의 혁신적인 첫걸음은 여기서 그치지 않았다. 그는 오픈AI의 공동 창립자로서 인공지능 분야에서의 새로운 혁신을 이끌었다. 오픈AI는 인공지능 연구를 민주화하고, AI 기술의 안전하고 윤리적인 발전을 촉진하는 것을 목표로 했으며, 챗GPT의 창시자로서 샘 알트만은 생성형 AI 기술의 선구자가 되었으며, 챗GPT는 전 세계적으로 AI 기술의 수준을 한 단계 끌어올렸다.

샘 알트만의 혁신을 향한 첫걸음은 단지 기술적인 성취에만 그치지 않는다. 그는 기술이 인류에게 가져올 이점과 동시에 윤리적 고려 사항에 대해서도 깊이 고민하며, 이러한 관점을 오픈AI의 핵심 가치로 삼고 있다. 그의 리더십 아래, 오픈AI는 기술 혁신을 통해 인류의 문제를 해결하고자 하는 명확한 비전을 가지고 있다.

샘 알트만의 혁신을 향한 첫걸음은 기술을 통한 세상의 변화를 꿈꾸는 모든 이들에게 영감을 준다. 그의 여정은 창의력, 용기, 그리고 윤리적 책임감이 결합된 혁신의 사례로, 앞으로도 기술 분야에서 지속적인 변화를 이끌어갈 것으로 기대된다.

PART 2

오픈AI 혁신의 시작

2-1 오픈AI의 비전과 미션

오픈AI는 인공지능(AI) 연구와 배포를 목표로 하는 비영리 조직으로, 인공 일반 지능(Artificial General Intelligence, AGI)이 인류 전체에게 이익이 되도록 하는 것을 사명으로 삼고 있다.

AGI는 인간과 유사한 학습 능력과 추론 능력을 갖춘 기계를 의미하며, 오픈AI는 이러한 AGI를 개발하여 세계를 지배하거나 특정 집단만의 이익을 추구하기보다는 모든 인류에게 평등하게 혜택이 돌아가도록 하려고 한다.

오픈AI의 설립은 기술의 미래가 인류에게 긍정적인 영향을 미치도록 하는 데 중점을 두고 있다. 이를 위해 오픈AI는 인공지능의 안전한 개발과 배포를 주요 목표로 삼고 있으며, 이 과정에서 인공지능이 인간의 삶을 향상시킬 수 있는 방법을 탐색하고 있다.

오픈AI의 비전은 매우 야심 차며, 이 조직은 인류의 가장 복잡한 문제를 해결하는 데 AI를 사용하는 것을 목표로 한다. 이러한 목표에 도달하기 위해 오픈AI는 공개적으로 연구 결과를 공유하고, AI 기술의 발전을 위한 협력을 촉진하는 오픈소스 접근 방식을 채택하고 있다.

오픈AI는 AI 기술이 인류 모두에게 이익이 되도록 하는 데 중점을 두고 있으며, 이는 모든 인류가 AI 시대의 혜택을 공평하게 누릴 수 있도록 하기 위함이다.

오픈AI는 그 설립 초기부터 일론 머스크와 샘 알트만과 같은 유명 인사들에 의해 큰 주목을 받았으며, 이들은 AI 기술이 가져올 수 있는 잠재적 위험을 경고하고 AI의 안전한 발전을 위한 노력을 강조해 왔다. 이 조직은 AI의 윤리적이고 안전한 사용을 위한 가이드라인을 설정하고, AI 기술의 발전이 인류에게 긍정적인 영향을 미치도록 노력하고 있다.

2-2 챗GPT의 개발 과정

챗GPT의 개발 과정은 고도의 기술적 노력과 창의적 해결책의 결합으로, 사람 평가단으로부터 유창성, 정확성, 비공격성 등의 항목에 대한 평가를 받으며 진행되었다. 이 과정에서 강화학습을 통해 챗GPT는 다양한 대화 상황에 적응하고, 더 자연스러운 대화를 생성할 수 있게 되었다.

챗GPT의 알고리즘은 초기 단계에서부터 여러 단계의 개발 과정을 거쳤다. SKT가 자체 개발한 GPT-3 기반의 한국어 특화 버전 개발에 착수하는 등 다양한 언어 모델 개발 작업이 병행되었다. 개발 과정에서는 학습에만 최소 460만 달러(한화 약 60억 원)의 비용이 소요되었으며, 개발 기간은 수주에서 수개월이 걸릴 수 있었다.

오픈AI의 과학자 리엄 페두스(Liam Fedus)는 챗GPT가 대단히 근본적인 발전인 것처럼 과대평가하고 싶지 않다고 언급했다. 이는 챗GPT 개발팀이 겸손한 태도를 가지고, AI의 발전 가능성에 대해 실제적인 접근을 하고자 했음을 보여준다.

챗GPT 개발의 핵심은 라벨러로 불리는 실제 사람들에 의한 직접적인 교육이었으며, 이 과정에서 1단계 모델에 질문을 하고, 4~9개의 답변을 얻어내 가장 베스트 답변을 골라 순위를 매기는 방식으로 이루어졌다. 또한, 적절한 답변을 작성하기 위해 챗GPT를 활용하는 고객 응대 과정 전체를 자동화하는 방법도 개발되었다.

챗GPT의 개발 과정은 인공지능 기술의 높은 잠재력을 보여주며, 동시에 이러한 기술을 개발하고 배포하는 데 있어서의 복잡성과 비용을 드러냈다. 이러한 노력은 챗GPT를 사용자가 편하게 느끼는 대화형 AI로 변모시켰으며, 그 결과 오늘날 다양한 분야에서 챗GPT가 활용되고 있다.

2-3 챗GPT의 기술적 도전과 극복

기술적 도전과 그 극복 과정은 혁신적인 사고와 끊임없는 노력이 필요한 여정이다. 경영자가 마주하는 도전 중에서도 기술과 경영의 관계를 이해하고 대규모 협업을 극복하는 과정은 특히 중요하다. 이 과정에서 얻은 통찰력은 기술 개발뿐만 아니라 조직의 성장과 발전에도 크게 기여할 수 있다.

예를 들어, 〈매트릭스〉 영화에 대한 분석을 통해 독자들에게 철학, 신화, 과학 등에 대한 깊은 이해를 제공함으로써 단순한 해설을 넘어 인문학적 상상력을 확장시키는 것과 같은 접근이 가능하다. 이는 기술적 문제를 해결하는 과정에서도 마찬가지로, 다양한 분야의 지식을 융합하고 창의적인 해결책을 모색하는 것이 중요함을 시사한다.

또한, 〈좌절의 기술〉에서 언급된 바와 같이 삶의 무기가 될 수 있는 철학적 사고방식을 통해 기술적 도전과 마주할 때의 좌절을 극복하는 방법도 제시된다. 이는 심리학자와 철학자들의 사례를 통해 기술적 문제에 직면했을 때 마음가짐과 접근 방식이 얼마나 중요한지를 보여준다.

기술적 도전에 성공적으로 대응하기 위해선 〈비상식적 성공의 기술〉에서 제시된 것처럼 성공에 대한 새로운 이해와 접근법이 필요하다. 비상식적인 사고방식이야말로 때로는 기술적 문제를 해결하는 데 결정적인 역할을 할 수 있다.

이와 함께 기술적 도전을 극복하는 과정에서는 자신에 대한 깊은 이해와 자각도 중요한 요소가 된다. 자신이 처한 위치, 행동, 성격 등에 대한 성찰을 통해 더 나은 해결책을 찾아갈 수 있다.

이렇게 기술적 도전을 극복하는 과정은 단순히 기술적 해결책을 찾는 것 이상의 의미를 가진다. 그 과정에서 얻어지는 통찰과 경험은 개인의 성장뿐만 아니라 조직의 발전에도 크게 기여할 수 있으며, 이러한 과정을 통해 더 큰 혁신을 이끌어낼 수 있다.

자연어 처리의 한계 극복

기존의 RNN(Recurrent Neural Network) 모델의 한계를 극복하기 위해 챗GPT는 트랜스포머(Transformer) 아키텍처를 기반으로 했다. 트랜스포머는 문장 내의 단어들 사이의 관계를 더 잘 이해할 수 있는 셀프어텐션(Self-attention) 메커니즘을 활용하여 문맥을 이해하는 능력을 향상시켰다.

대규모 데이터 학습

챗GPT는 방대한 양의 데이터를 학습함으로써 사람과 유사한 대화 능력을 달성하기 위한 도전에 직면했다. 이 과정은 비용이 많이 들고 시간이 오래 걸리는 작업으로, 효과적인 학습 방법과 최적화가 필요했다.

윤리적 고려와 안전성 문제

챗GPT 개발의 중요한 측면 중 하나는 윤리적 고려와 안전성이다. AI가 잘못된 정보를 제공하거나 부적절한 내용을 생성하는 것을 방지하기 위한 메커니즘의 개발은 큰 도전이었다.

기술적 극복

강화학습과 피드백 시스템

챗GPT는 사람 평가단으로부터 유창성, 정확성, 비 공격성 등에 대한 평가를 받으며 강화학습을 진행하였다. 이는 모델이 사람과 자연스럽게 대화할 수 있도록 하는 데 중요한 역할을 했다.

GPT 학습 데이터의 개선

챗GPT 개발 과정에서는 기술의 개발과 함께 GPT 학습 데이터를 개선하는 노력이 지속되었다. 이러한 노력은 모델의 한계와 도전을 극복하는 데 도움이 되었으며, 보다 진보된 인공지능 기술의 발전을 기대할 수 있게 했다.

지속적인 미세 조정과 업데이트

챗GPT의 개발자들은 모델의 한계를 극복하기 위해 지속적인 미세 조정과 업데이트를 수행했다. 이러한 과정은 챗GPT의 성능을 향상시키고, 다양한 사용 사례에 적용할 수 있는 가능성을 넓혔다.

챗GPT의 개발 과정은 AI 기술의 한계를 극복하고, 사람과 유사한 대화 능력을 갖춘 모델을 구현하기 위한 지속적인 노력의 산물이다. 이 과정에서 극복한 도전들은 AI 기술의 발전을 가속화하는 데 기여하며, 인간과 AI 간의 상호작용을 새로운 차원으로 이끌고 있다.

PART 3

오픈AI의 영향력 확대

3-1 오픈AI의 기술의 사회적 영향

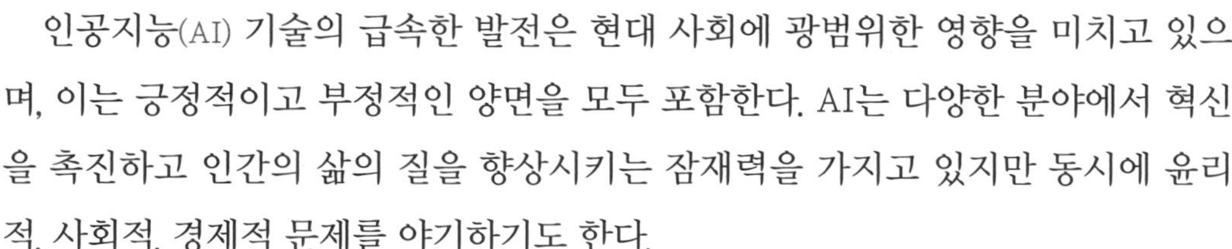

인공지능(AI) 기술의 급속한 발전은 현대 사회에 광범위한 영향을 미치고 있으며, 이는 긍정적이고 부정적인 양면을 모두 포함한다. AI는 다양한 분야에서 혁신을 촉진하고 인간의 삶의 질을 향상시키는 잠재력을 가지고 있지만 동시에 윤리적, 사회적, 경제적 문제를 야기하기도 한다.

긍정적 영향

산업 분야의 혁신

AI는 의료·교육·제조·교통 등 다양한 산업 분야에서 혁신을 촉진하고 있다. 의료 분야에서는 질병 진단과 치료 계획 수립에 AI를 활용하여 정확도를 높이고, 교육 분야에서는 개인 맞춤형 학습 경험을 제공하여 학습 효율을 향상시킨다.

생산성 향상과 효율성 증대

AI 기술은 데이터 분석, 패턴 인식 등을 통해 작업의 효율성과 생산성을 높이는 데 기여한다. 이는 기업과 조직이 더 스마트한 의사결정을 내리고, 자원을 효율적으로 관리할 수 있게 한다.

부정적 영향

일자리 변화와 실업 문제

AI와 자동화 기술의 발전은 특정 직업군에서 일자리 감소로 이어질 수 있다. 단순 반복 작업이나 저숙련 노동 시장에서 특히 두드러지며, 이로 인한 사회적 불안정성과 경제적 불평등이 증가할 수 있다.

윤리적 문제와 프라이버시 침해

AI 시스템의 데이터 수집과 분석 과정에서 개인정보 보호와 프라이버시 침해 문제가 대두된다. 또한, AI의 결정 과정에서 편견이 반영될 가능성이 있으며, 이는 특정 집단에 대한 차별로 이어질 수 있다.

기술적 특이점(Singularity)과 인간성의 변화

AI가 인간의 지능을 넘어서는 시점, 즉 기술적 특이점에 대한 우려도 존재한다. 이는 인간 사회의 근본적인 변화를 야기할 수 있으며, 인간성과 도덕성에 대한 재정의가 필요할 수 있다. AI 기술의 발전은 인류에게 무한한 가능성을 제공하지만 동시에 새로운 도전과 문제를 제기한다. 따라서 AI의 사회적 영향을 면밀히 연구하고, 윤리적 가이드라인을 마련하는 등 책임감 있는 기술 사용이 필수적이다. 이를 통해 AI 기술이 인간 중심의 발전을 이끌고, 모두에게 혜택을 가져다 줄 수 있도록 해야 한다.

3-2 글로벌 기술 리더십

빠르게 진화하는 글로벌 기술 환경에서 인공지능(AI)은 혁신의 초석이 되어 전례 없는 성장과 발전의 기회를 제공하고 있다. 다양한 분야에 AI를 접목하는 것은 오늘날 디지털 시대에 경쟁력 확보와 지속가능한 발전을 추구하는 리더에게 단순한 선택이 아닌 필수이다.

AI 활용이 글로벌 기술 리더십에 중요한 이유는 다음과 같다. 의사결정 프로세스 강화 방대한 양의 데이터를 실시간으로 처리하고 분석하는 AI의 능력을 통해 리더는 정보에 입각한 결정을 신속하게 내릴 수 있다. 이러한 데이터 기반 접근 방식은 추세를 식별하고, 시장 변화를 예측하고, 변화에 민첩하게 대응하는 데 도움이 되므로 조직이 경쟁 환경에서 앞서 나갈 수 있도록 보장해야 한다.

3-3 파트너십과 협력 관계

오픈AI는 인공지능(AI) 연구와 배포에 주력하는 조직으로, 기술의 이익을 모든 인류에게 도달하게 만들겠다는 사명을 가지고 있다. 이 목표를 달성하기 위해 오픈AI는 다양한 파트너들과 긴밀하게 협력하고 있다.

또 다른 중요한 협력 관계는 오픈AI와 기업들 사이의 API 사용 협약이다. 오픈AI는 GPT-3와 같은 AI 모델을 통해 다양한 언어 처리 기능을 제공하는 API를 개발했다. 이 API는 기업들이 챗봇, 번역, 요약 등 다양한 언어 기반 서비스를 구축할 수 있게 해주며, 이를 통해 오픈AI는 AI 기술의 상업적 활용과 발전을 촉진하고 있다.

이처럼 오픈AI는 기술 기업, 학계, 그리고 다른 연구 조직들과의 광범위한 파트너십을 통해 인공지능 기술의 발전을 추구하고 있다. 이러한 협력 관계는 AI 기술의 발전뿐만 아니라 이 기술이 사회에 미치는 긍정적인 영향을 극대화하는 데 중요한 역할을 하고 있다.

PART 4

오픈AI의 도전성 - 큰 그림을 그리다

4-1 오픈AI의 샘 알트만이 계승한 드레이퍼의 생각

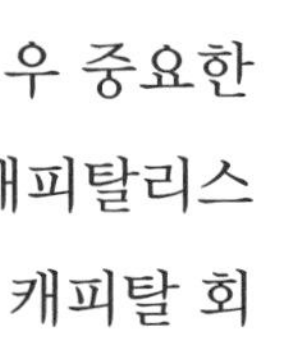

샘 알트만과 티모시 드레이퍼 사이의 관계는 현대 기술 업계에서 매우 중요한 연결고리 중 하나로 여겨진다. 티모시 드레이퍼는 실리콘밸리의 벤처 캐피탈리스트로, 혁신적인 기업가 정신과 미래 지향적 사고로 유명하다. 그는 벤처 캐피탈 회사 드레이퍼 피셔 주벳슨(DFJ)의 설립자이며, 스타트업에 투자함으로써 기술 혁신을 촉진하는 데 큰 역할을 해왔다.

샘 알트만은 드레이퍼의 사고방식을 계승하여 인공지능 기술의 발전이 인류에 긍정적인 영향을 미칠 수 있도록 하는 것을 목표로 했다. 오픈AI의 미션은 안전하고 이익이 되는 AI를 개발하여 전 인류에게 공유하는 것이다. 이는 드레이퍼의 초기 스타트업 투자 철학과 맥락을 같이했으며, 드레이퍼의 투자는 종종 사회적 변화를 이끌어내는 새로운 기술과 아이디어에 초점을 맞추었으며, 샘 알트만 또한 인공지능이 가져올 변화를 인도적이고 윤리적인 방향으로 이끌려는 비전을 가지고 있었다.

또한, 샘 알트만은 드레이퍼로부터 배운 벤처 캐피탈리스트로서의 경험을 바탕으로, 오픈AI 내에서 혁신적인 프로젝트와 연구에 대한 투자를 적극적으로 추진하고 있었다. 이는 기술적 한계를 넘어서려는 오픈AI의 노력뿐만 아니라 기술의 사회적 책임을 다하기 위한 노력으로도 이어진다.

샘 알트만이 계승한 티모시 드레이퍼의 생각은 기술과 혁신을 통한 사회적 변화의 중요성을 강조했으며, 샘 알트만은 드레이퍼의 벤처 캐피탈리즘과 모험을 사랑하는 정신을 바탕으로 인공지능 기술이 인류에게 긍정적인 영향을 미칠 수 있는 방향으로 이끌어가고자 했다. 이를 통해 그들은 기술이 가져올 미래에 대한 낙관적인 비전을 공유하며, 이러한 비전을 현실로 만들기 위해 노력하고 있다.

4-2 성공을 업그레이드하는 사람

오픈AI의 성공은 단일 인물이나 기술의 업적이라기보다는 혁신을 추구하는 다양한 사람들의 집단적 노력의 결과로 볼 수 있다. 그 중심에는 샘 알트만과 같은 비전 있는 리더들이 있다. 이들은 오픈AI의 목표를 설정하고, 다양한 파트너십을 통해 인공지능 연구의 새로운 지평을 열어가는 데 핵심적인 역할을 한다.

오픈AI의 이러한 파트너십은 오픈AI의 기술을 실제 사회적, 경제적 문제 해결에 적용할 수 있는 기회를 제공한다. 예를 들어, 마이크로소프트와의 협력은 오픈AI의

GPT 모델을 클라우드 컴퓨팅, AI-기반 경험 개발에 활용하는 동시에 오픈AI의 연구에 필요한 초대형 컴퓨팅 자원을 제공한다. 이는 AI 연구의 규모와 속도를 크게 향상시켜 오픈AI가 인공 일반 지능(AGI)에 한 발짝 더 다가서는 데 기여한다.

또한, 오픈AI는 교육과 뉴스 산업에도 큰 영향을 미치고 있다. 애리조나 주립 대학과의 협력을 통해 개발된 AI 기반 개인화 학습 도우미는 교육 분야에서 AI가 가진 잠재력을 보여주는 사례이다. 이와 유사하게 Le Monde와 Prisa Media와 같은 글로벌 뉴스 기관과의 파트너십은 언론 산업에 AI를 통한 혁신을 도입하여, 뉴스 콘텐츠 생성과 소비 방식을 변화시키고 있다.

4-3 와이콤비네이터의 투자 철학

와이콤비네이터는 2005년에 설립된 글로벌 액셀러레이터로서, 스타트업 초기 단계에서의 투자와 멘토링을 제공하여 여러 유망한 스타트업들이 성장할 수 있는 기반을 마련해 주었으며, 와이콤비네이터의 투자 철학은 창업자 중심적인 접근에서 출발했다.

이는 와이콤비네이터의 창업자 폴 그레이엄이 강조하는 "사람을 보고 투자한다"는 원칙에서도 잘 드러난다. 와이콤비네이터는 창업자의 열정, 제품에 대한 깊은 이해, 시장의 문제를 해결할 수 있는 능력을 중요시하며, 이러한 요소들이 성공적인 스타트업으로 성장할 수 있는 잠재력을 가진다고 본다.

와이콤비네이터의 프로그램은 명확한 구조를 가지고 있으며, 주기적으로 열리는 데모데이를 통해 창업자들은 투자자들 앞에서 자신의 스타트업을 소개할 기회를 얻었다. 이 과정에서 와이콤비네이터는 창업자들에게 PMF(Product-Market Fit)를 찾는 것을 최우선으로 하며, 이를 위해 "Don't tell, just show"라는 철학을 강조한다. 즉 말로만 하는 것이 아니라 실제로 시장에서 검증받은 제품을 만드는 것이 중요하다는 것을 의미한다.

또한, 와이콤비네이터는 창업자들에게 다양한 네트워크와 자원을 제공했으며, 이는 창업자들이 비즈니스 모델을 검증하고, 시장에서의 성장을 가속화하는 데 필수적이다. 와이콤비네이터는 자신들의 액셀러레이터 프로그램이 단순히 투자를 제공하는 것을 넘어서, 창업자들이 세계적인 문제를 해결할 수 있는 혁신을 이끌어낼 수 있도록 지원한다고 한다.

와이콤비네이터의 성공은 드롭박스, 에어비앤비, 스트라이프 등 여러 유명 스타트업을 배출한 것에서 확인할 수 있다. 이러한 성공 사례들은 와이콤비네이터의 투자 철학과 프로그램이 스타트업 생태계에 미치는 긍정적인 영향을 증명한다.

와이콤비네이터의 투자 철학은 창업자 중심적인 접근과 시장에서의 실질적인 검증을 통해 성공 가능성이 높은 스타트업을 발굴하고 지원하는 데 집중되어 있다. 이러한 접근은 창업자들이 시장에서 지속 가능한 성장을 이루고, 결국에는 사회적, 경제적 변화를 만들어 낼 수 있는 기업으로 성장할 수 있는 기반을 마련해준다.

PART 5

기술적 도전과 사회적 책임

5-1 인공지능 윤리와 책임

첫째, AI의 편향성과 공정성이다. AI 시스템은 학습 데이터를 기반으로 학습하며, 이 데이터에 편향이 있을 경우 AI의 결정 또한 편향될 수 있다. 예를 들어, 인종, 성별, 연령 등에 따라 차별적인 결과를 내놓을 수 있는데, 이는 공정성 문제를 일으킨다. 따라서 AI를 개발하고 배포하는 과정에서 데이터의 다양성을 확보하고, 편향을 최소화하는 방안에 대한 연구와 논의가 필요하다.

둘째, AI의 투명성과 설명 가능성하다. AI 시스템, 특히 딥러닝은 종종 "블랙박스"로 비유되며 그 결정 과정이 외부로부터는 명확하지 않다. 이는 AI 시스템의 결정에 대한 이해와 신뢰를 저하시킬 수 있으며, 잘못된 결정에 대한 책임 소재를 명확히 하는 것을 어렵게 한다. 이에 AI 시스템의 결정 과정을 투명하게 만들고, 사람이 이해할 수 있는 방식으로 설명할 수 있는 AI 개발에 대한 요구가 커지고 있다.

셋째, AI의 안전성과 신뢰성이다. AI 시스템이 사람의 생명과 안전에 직접적인 영향을 미치는 분야에서는 AI의 신뢰성이 매우 중요하다. 예를 들어, 자율주행차, 의료 진단 시스템 등에서 AI의 오류는 심각한 결과를 초래할 수 있다. 따라서 AI 시스템의 안전성을 확보하고, 잠재적인 위험을 사전에 식별하고 관리하는 방안에 대한 연구가 필수적이다.

넷째, AI의 개인정보 보호와 프라이버시이다. AI 기술은 대규모의 개인 데이터를 수집하고 분석하여 작동한다. 이 과정에서 개인의 프라이버시가 침해될 수 있으며, 이는 사회적 불신과 법적 문제를 야기할 수 있다. 따라서 개인정보 보호를 위한 엄격한 기준과 정책, 기술적 보호 조치의 마련이 필요하다.

5-2 기술 발전과 인류의 미래

AI의 급속한 발전은 윤리적, 사회적 쟁점을 야기하기도 한다. AI 시스템의 결정 과정이 투명하지 않거나, 편향된 데이터로 인해 불공정한 결과를 초래할 수 있다. 이러한 문제는 AI 기술이 사람들의 삶에 더 깊숙이 통합됨에 따라 더욱 중요해질 것이다. 따라서 AI 개발과 적용 과정에서 윤리적 기준을 수립하고 준수하는 것이 중요하며, 이를 위해서는 다양한 이해관계자의 협력이 필요하다.

AI의 미래는 인류가 이 기술을 어떻게 사용하고 관리하는지에 달려 있다. AI를 사용하여 지속 가능한 발전 목표를 달성하고, 사회적 문제를 해결할 수 있는 기회를 모색해야 한다. 이를 위해서는 AI 기술의 발전뿐만 아니라 이 기술이 가져올 수 있는 잠재적 위험을 인식하고, 이에 대응하기 위한 국제적인 협력과 정책 마련이 필수적이다.

5-3 사회적 문제 해결을 위한 AI

인공지능(AI) 시대의 도래는 인류의 미래와 사회 구조에 혁명적 변화를 가져오고 있다. AI 기술의 발전은 무한한 가능성을 내포하고 있으며, 이로 인해 우리는 더 효율적이고 지능적인 방식으로 일상과 업무를 수행할 수 있게 될 것이다.

그러나 이러한 변화는 적절한 준비와 대응이 없다면 여러 도전과 위험을 동반할 수 있다. 따라서 미래 사회를 위한 준비는 AI 기술의 발전 속도를 따라잡고, 이를 긍정적으로 활용하기 위한 필수적 과정이다.

미래 사회에서 인공지능(AI)은 중요한 역할을 하며, 이에 대비하기 위해서는 다양한 준비가 필요하다. AI의 등장은 많은 직업의 성격을 변화시키고, 새로운 기술을 요구하며, 사회 구조 자체를 재편할 것이다.

첫째, 기술 교육과 평생 학습의 중요성이 증가할 것이다. AI는 전문 기술과 지식을 요구하므로, 교육 시스템은 학생들이 이러한 변화에 대비할 수 있도록 준비해야 한다.

둘째, AI가 인간의 일자리를 대체하는 경우가 증가할 것이므로, 새로운 직업 기회를 창출하고 전환을 돕는 방안을 마련해야 한다.

셋째, 사회는 인간 중심의 가치와 AI 기술이 어우러질 수 있도록 윤리적, 법적 기준을 정립해야 한다. 예를 들어, 신경윤리학은 기술 발전이 사회에 미치는 영향을 고려하는 분야로서 주목을 받고 있다.

넷째, 상담이나 심리, 돌봄과 같은 인간의 감정을 필요로 하는 산업의 중요성이 더욱 높아질 것이다. 이러한 직업은 AI가 쉽게 대체할 수 없는 영역으로, 여기에 대한 준비와 투자도 필요하다.

인공지능(AI)의 기술 발전은 인류에게 무한한 가능성을 제공하고 있으며, 우리의 미래 사회를 근본적으로 변화시킬 잠재력을 가지고 있다. 이러한 기술의 발전은 다양한 산업 분야에서 혁신을 촉진하고, 인간의 삶의 질을 향상시키는 데 기여할 수 있다.

예를 들어, 의료 분야에서는 AI가 질병의 조기 진단 및 치료법 개발에 기여할 수 있으며, 교육 분야에서는 개인 맞춤형 학습 솔루션을 제공하여 학습 효율성을 높일 수 있다. 또한, 교통 시스템의 최적화, 에너지 관리의 효율성 증대 등 다양한 분야에서 AI의 적용은 사회적 가치를 창출하고 지속 가능한 발전을 촉진할 수 있다.

그러나 AI 기술의 급속한 발전과 광범위한 적용은 윤리적, 사회적, 법적 문제들을 동반한다. AI 시스템의 결정 과정에 대한 투명성 부족, 데이터 프라이버시 침해 위험, 결정의 공정성 및 편향 문제, 일자리 대체와 경제적 불평등 심화 등이 대표적인 문제들이다. 이러한 도전과제에 대응하기 위해서는 다각적인 접근이 필요하다.

우선, AI 개발과 적용에 있어 윤리적 기준을 마련하고 준수해야 한다. 국가별로 AI 윤리 지침을 제정하고, 기업과 개발자가 이를 따르도록 하는 것이 중요하다.

또한, AI 시스템의 설계 및 운영 과정에서 투명성을 확보하고, 사용자의 동의를 바탕으로 한 데이터 처리 원칙을 적용해야 한다. 이와 함께 AI 시스템의 결정 과정에서 발생할 수 있는 편향을 최소화하기 위한 기술적, 절차적 조치를 취해야 한다.

AI 기술의 사회적 영향을 고려하여 교육 체계를 개편하고, 평생 학습을 장려하는 등 인력의 재교육과 전환을 지원하는 정책도 필요하다. AI에 의한 일자리 변화에 유연하게 대응하기 위해서는 새로운 기술에 대한 지속적인 학습과 직업 훈련이 중요하다. 또한, AI 기술의 혜택을 모든 사람이 공평하게 누릴 수 있도록 디지털 격차를 해소하는 노력도 병행되어야 한다.

국제적인 협력을 통해 AI 기술의 발전과 적용에 관한 글로벌 스탠다드와 규범을 마련하는 것도 중요하다. 인공지능의 발전이 인류의 공동 이익에 기여하도록 다양한 국가와 기관이 협력하여 국제적인 대화와 규제 프레임워크 구축에 참여해야 한다.

인공지능의 기술 발전과 인류의 미래는 밝은 전망을 가지고 있지만, 이를 현실화하기 위해서는 윤리적, 사회적 문제에 대한 선제적 대응과 지속 가능한 발전을 위한 국제적 협력이 필수적이다. 인공지능 기술이 가져올 변화를 긍정적으로 수용하고, 인류의 복지 향상을 위해 적극적으로 활용하기 위한 준비가 필요하다.

불확실한 미래에 대비하기 위해 다각도에서 미래 예측을 시도하고, 그에 따른 전략을 수립하는 것이 중요하다. 다양한 시나리오를 고려한 계획을 세우는 것이 미래 변화에 유연하게 대응하는 데 도움이 될 것이다.

인공지능(AI) 기술의 발전은 사회적 문제 해결에 새로운 가능성을 제시하고 있다. 이 기술은 데이터 분석, 예측 모델링, 패턴 인식 등을 통해 교통, 의료, 환경, 교육 등 다양한 분야에서 응용되며, 사회적 이슈에 대한 혁신적인 해결책을 제공하고 있다.

교통 시스템 최적화

AI는 대중교통의 효율성을 향상시키기 위해 교통 흐름을 분석하고, 실시간 데이터를 기반으로 최적의 노선을 제안한다. 이를 통해 출퇴근 시간의 혼잡을 줄이고, 대기오염을 감소시킬 수 있다.

의료 서비스 개선

AI는 질병의 조기 진단, 맞춤형 치료 방안 제시, 환자 모니터링 등을 통해 의료 분야에서 큰 변화를 가져오고 있다. 특히, 의료 이미지 분석, 유전자 정보 분석 등을 통해 개인별 맞춤형 치료가 가능해졌다.

환경 보호

AI는 지구 온난화, 해양 오염, 삼림 파괴 등 환경 문제 해결에도 기여하고 있다. 위성 이미지 분석을 통한 삼림 감시, 오염 물질 모니터링 시스템, 기후 변화 예측 모델 등은 환경 보호를 위한 효율적인 방안을 제공한다.

교육의 질 향상

AI 기반 교육 시스템은 학생 개개인의 학습 스타일과 속도를 파악하여 맞춤형 학습 콘텐츠를 제공한다. 이는 학습 효율을 높이고, 교육 격차를 줄이는 데 기여할 수 있다.

재난 대응 및 관리

자연재해 예측, 재난 발생 시 신속한 대응 방안 제시, 피해 지역의 복구 계획 수립 등에 AI가 활용된다. 예를 들어, 지진이나 태풍과 같은 자연재해의 패턴을 분석하여 사전에 위험을 예측하고, 재난 발생 시 인명 피해를 최소화할 수 있는 대피 경로를 제안할 수 있다.

이처럼 AI는 사회적 문제 해결에 있어 막대한 잠재력을 지니고 있다. 그러나 동시에 개인정보 보호, 알고리즘 편향, 일자리 변화 등 AI 기술이 가져올 수 있는 부정적인 영향에 대해서도 신중하게 고려하고 대비할 필요가 있다.

따라서 AI 기술의 발전과 함께 윤리적 기준과 규제가 수립되고, 기술의 사회적 책임을 다하는 것이 중요하다. AI가 인류의 미래를 긍정적으로 변화시키기 위해서는 기술적 발전뿐만 아니라 사회적, 윤리적 고민이 함께 이루어져야 한다.

PART 6

오픈AI의 미래 비전

6-1 AI와 인간의 공존

AI와 인간의 공존은 현대 사회에서 가장 중요한 주제 중 하나이다. AI의 발전은 우리의 삶을 근본적으로 변화시키고 있으며, 이러한 변화는 앞으로도 계속될 것이다. AI와 인간이 공존하는 미래는 협력과 상호 이해를 기반으로 할 것이며, 인간 중심의 AI 개발이 핵심이 될 것이다.

이는 AI가 인간의 고충을 파악하고 해결하는 방식으로 발전해야 함을 의미한다. 과거의 AI는 특정 작업을 수행하는 데 집중되었으나, 이제는 AI가 인간의 삶을 향상시키고, 우리가 직면한 문제들을 해결하는 데 도움을 줄 수 있는 방향으로 발전해야 한다.

이러한 공존의 여정은 AI 기술의 실용화와 함께 발전하였으며, 이는 1980년대 후반과 1990년대에 전문가 시스템의 발달로 더욱 가속화되었다. AI와 인간이 공존하기 위해서는 AI의 결과를 판단하고, 이해하며, 필요한 경우 조정할 수 있는 인간의 역할이 중요하다.

챗GPT와 같은 기술의 등장은 AI의 활용 가능성을 높이지만, 관련 법안이 부재한 상태에서는 표절과 같은 문제가 발생할 수 있으므로 적절한 규제와 지침이 필요하다.

AI와의 협력은 인간의 진화를 뒷받침하고 우리가 우주를 넘어 새로운 경계로 나아가는 여정에 있어 중요한 역할을 한다. AI는 인간의 통찰력과 결합하여 끊임없이 혁신을 이끌어내며, 우리가 마주하는 미래의 도전에 대한 새로운 솔루션을 제공할 것이다.

6-2 인공지능 기술 혁신을 통한 사회 변화

AI와 인간의 공존은 현대 사회에서 가장 중요한 주제 중 하나이다. AI의 발전은 우리의 삶을 근본적으로 변화시키고 있으며, 이러한 변화는 앞으로도 계속될 것이다. AI와 인간이 공존하는 미래는 협력과 상호 이해를 기반으로 할 것이며, 인간 중심의 AI 개발이 핵심이 될 것이다.

이는 AI가 인간의 고충을 파악하고 해결하는 방식으로 발전해야 함을 의미한다. 과거의 AI는 특정 작업을 수행하는 데 집중되었으나, 이제는 AI가 인간의 삶을 향상시키고, 우리가 직면한 문제들을 해결하는 데 도움을 줄 수 있는 방향으로 발전해야 한다.

이러한 공존의 여정은 AI 기술의 실용화와 함께 발전하였으며, 이는 1980년대 후반과 1990년대에 전문가 시스템의 발달로 더욱 가속화되었다. AI와 인간이 공존하기 위해서는 AI의 결과를 판단하고, 이해하며, 필요한 경우 조정할 수 있는 인간의 역할이 중요하다.

챗GPT와 같은 기술의 등장은 AI의 활용 가능성을 높이지만, 관련 법안이 부재한 상태에서는 표절과 같은 문제가 발생할 수 있으므로 적절한 규제와 지침이 필요하다.

AI와의 협력은 인간의 진화를 뒷받침하고 우리가 우주를 넘어 새로운 경계로 나아가는 여정에 있어 중요한 역할을 한다. AI는 인간의 통찰력과 결합하여 끊임없이 혁신을 이끌어내며, 우리가 마주하는 미래의 도전에 대한 새로운 솔루션을 제공할 것이다.

6-3 미래 사회를 위한 준비

미래 사회에서 인공지능(AI)의 역할은 지금보다 더욱 커질 것이며, 이에 대비하는 것은 필수적이다. AI 시대를 맞이하여 우리는 인간 중심의 AI를 지향해야 한다. 신뢰는 이 과정에서 중요한 요소로, AI 시스템이 예측 가능하고 신뢰할 수 있게 작동해야 한다. 사회 구성원이 새로운 기술에 대한 이해를 높이고, 그로 인해 초래될 결과에 대해 대응 방안을 마련함으로써 사회적 수용성을 향상시켜야 한다.

또한, 기술 진화에 따른 경제 시스템의 변화에 적응하기 위한 전략을 수립하는 것도 중요하다. 이는 'AI 자본주의'와 같은 새로운 경제 패러다임을 이해하고 받아들이는 것을 포함해야 하며, 일상 생활에 깊숙이 침투하는 AI와 함께 살아가기 위해서는, AI 기술이 가져올 긍정적인 변화를 활용하고 동시에 신규 위험을 관리하는 방법을 찾아야 한다.

챗봇, 자율주행 차량 등 AI 기술의 확산은 우리 사회를 변화시키고 있으며, 이 변화는 광범위하게 미래 사회의 모습을 재편할 것이다. 이러한 확산에 따라 발생할 수 있는 신위험을 식별하고, 이에 대비하는 것이 중요하다. 이 모든 준비 과정은 교육, 규제, 인프라 구축 등 여러 분야에서 진행되어야 하며, 이는 포괄적이고 지속 가능한 미래 사회를 위한 토대를 마련할 것이다.

PART 7

리더십과 혁신

7-1 혁신적 리더의 자질

샘 알트만, 오픈AI의 공동 창립자이자 기술계의 비전 있는 리더, 그의 리더십은 현대 기술 산업에서 가장 영향력 있는 예 중 하나로 자리 잡았다. 그의 리더십 아래 오픈AI는 인공지능 분야의 선두주자로 거듭났으며, 이는 그가 지닌 몇 가지 혁신적 리더의 자질 덕분이다.

비전 설정

샘 알트만은 명확한 비전을 가지고 있다. 그는 인공지능이 인류의 삶을 개선할 수 있는 무한한 잠재력을 지니고 있다고 믿으며, 이를 현실화하기 위해 끊임없이 노력한다. 그의 비전은 오픈AI의 모든 프로젝트와 연구 방향을 이끌고 있으며, 이는 조직 전체에 영감과 동기를 부여하고 있다.

개방성과 협력

샘 알트만은 정보와 지식의 공유를 중시하며, 오픈AI의 '오픈'이라는 이름에서도 알 수 있듯, 그는 기술의 개방성을 통해 더 큰 혁신을 이끌어 낼 수 있다고 믿는다. 이는 다양한 분야의 연구자들과의 협력을 촉진하고, 지식의 장벽을 낮춰 기술 발전을 가속화한다.

윤리적 책임

샘 알트만은 AI 기술의 발전이 윤리적 가이드라인 내에서 이루어져야 한다고 강조한다. 그는 AI가 가져올 수 있는 잠재적 위험에 대해 공개적으로 토론하고, 이를 최소화하기 위한 방안을 모색을 하며, 이는 기술이 인류에 긍정적인 영향을 미치도록 하는 데 중점을 둔다.

지속 가능성에 대한 약속

샘 알트만은 AI 기술이 환경에 미치는 영향을 인식하고, 이를 줄이기 위한 방안을 모색하며, 그는 오픈AI가 개발하는 모든 기술이 지속 가능해야 한다고 믿으며, 이는 그의 리더십 아래서 중요한 고려 사항이 된다.

끊임없는 학습과 혁신

샘 알트만은 기술 산업이 빠르게 변화하는 분야임을 인식하고, 이에 발맞춰 끊임없이 학습하고 혁신한다. 그는 자신과 그의 팀이 최신 기술 동향과 연구에 대해 항상 최신 정보를 갖고 있도록 노력한다. 샘 알트만의 리더십은 그의 비전, 개방성, 윤리적 책임감, 지속 가능성에 대한 약속, 그리고 끊임없는 학습과 혁신을 통해 인공지능 기술이 인류에 긍정적인 변화를 가져올 수 있도록 이끌고 있다. 그의 리더십 아래 오픈AI는 계속해서 혁신의 길을 걷고 있으며, 이는 기술계에 큰 영감을 주고 있다.

7-2 팀 빌딩과 관리

샘 알트만은 성공적인 팀 빌딩과 관리를 위한 핵심 원칙들을 강조한다. 팀 빌딩은 스타트업에 있어서 결정적인 요소로, 적절한 인재를 선발하고 유지하는 것은 사업의 성공에 직결될 수 있다.

인재 확보에 대한 집중

스타트업은 리쿠르팅에 충분한 시간과 에너지를 투자해야 하며, 팀 빌딩이 우수한 제품을 만드는 것만큼 중요하다.

다양한 요소의 통합

성공에는 자본, 기술, 브랜드, 네트워크 효과 및 효율적인 관리가 필요하다. 이들 요소는 팀 빌딩 전략과 결합하여 기업의 성장을 추진한다.

지속적인 학습과 적응

실리콘밸리의 팀 빌딩 경험을 바탕으로 개인과 조직의 성장을 지원하며, 변화에 유연하게 대응하는 것이 중요하다.

적기에 창업하는 전략

현재와 가까운 미래가 창업에 적기라고 보며, 이 시기를 이용해 팀을 구성하고 관리하는 것이 중요하다.

전략적 접근

충분한 자본, 인재, 리소스를 확보하고, 제품 전략과 연구 전략의 중요성을 인식해야 한다. 이는 팀 빌딩과 관리의 효과를 극대화해야 한다.

샘 알트만의 접근법은 팀원 개개인의 잠재력을 최대한 활용하고, 명확한 목표 설정을 통해 각자의 역할을 분명히 하는 것을 중시한다. 효과적인 팀 빌딩과 관리는 스타트업의 성공뿐만 아니라 지속 가능한 성장을 위한 필수적인 요소이다.

7-3 창의성과 혁신을 위한 조언

아이디어와 기술을 탐구하는 호기심

샘 알트만은 끊임없이 새로운 아이디어와 기술을 탐구하는 호기심이 혁신의 근원이라고 믿는다. 그는 창의적인 사람들이 항상 배우고, 실험하며, 자신의 이해의 경계를 넓히려는 태도를 가지고 있어야 한다고 강조한다. 호기심은 새로운 아이디어의 발견으로 이어지고, 이것이 혁신으로 꽃피울 수 있다.

실패를 두려워하지 마라

혁신적인 아이디어는 종종 위험을 수반한다. 샘 알트만은 실패를 두려워하지 않고 오히려 그것을 학습의 기회로 받아들이는 것이 중요하다고 조언한다. 실패는 성공으로 가는 길에서 불가피한 단계일 뿐이며, 그 과정에서 얻은 교훈이 다음 혁신으로 이끌 수 있다.

다양한 관점을 수용하라

창의적인 해결책은 종종 다양한 관점의 결합에서 나온다. 샘 알트만은 다양한 배경과 경험을 가진 사람들과 협력하는 것이 새로운 아이디어를 생성하는 데 중요하다고 본다. 서로 다른 관점을 통해 문제를 바라보면 예상치 못한 해결책이 나올 수 있다.

필요한 자원과 노력을 투입

큰 꿈을 가지되, 그 꿈을 실현하기 위한 목표를 구체적으로 설정하고 그것에 집중하는 것이 중요하다. 샘 알트만은 목표를 세우고, 그것을 달성하기 위한 계획을 수립하며, 필요한 자원과 노력을 투입하는 것이 성공의 핵심이라고 믿는다.

스타트업 생태계 탐색

혁신이 일어나는 스타트업 생태계를 이해하고, 창의적 사고와 문제 해결을 장려하는 회사 문화를 조성해야 한다.

스타트업 성공 통찰

오픈AI의 CEO로서, 그리고 와이콤비네이터의 전 회장으로서 샘 알트만은 스타트업의 성공을 위한 심층적인 조언을 제공한다. 샘 알트만의 이러한 교훈들은 창의적 아이디어와 혁신적인 기업가 정신을 장려하며, 기술과 인간이 조화롭게 협력하여 성공을 이루어 낼 수 있도록 하는 데 중점을 둔다.

PART 8

기술 창업의 길

8-1 스타트업 성공 전략

스타트업의 성공 전략은 다양하고 복잡할 수 있으며, 각 스타트업의 특성, 시장 환경, 자원 등에 따라 맞춤형 전략을 수립하는 것이 중요하다. 여기 몇 가지 기본적이면서도 핵심적인 성공 전략을 소개한다.

명확한 가치 제안 정의

스타트업이 성공하기 위해서는 시장에서 자신의 제품이나 서비스가 해결하고자 하는 문제와 제공하는 독특한 가치가 명확해야 한다. 경쟁자와 차별화되는 가치 제안을 통해 타깃 고객에게 집중할 수 있다.

타깃 시장의 정확한 이해

타깃 시장을 정확히 이해하고, 그 시장의 필요와 요구를 충족시킬 수 있는 제품이나 서비스를 개발하는 것이 중요하다. 시장 조사와 고객 피드백을 통해 제품을 지속적으로 개선해야 한다.

유연성과 빠른 실행

시장은 끊임없이 변화하므로 스타트업은 변화에 빠르게 대응할 수 있는 유연성을 가져야 한다. 실험을 통해 빠르게 학습하고 실행하는 능력이 스타트업의 성장과 성공에 결정적인 역할을 한다.

효과적인 팀 빌딩

강력한 팀은 스타트업의 성공을 위한 핵심 자산이다. 다양한 배경과 전문성을 가진 팀원들을 모집하고, 각자의 장점을 최대한 활용할 수 있는 환경을 조성해야 한다.

자금 조달과 재무 관리

충분한 자금 조달과 효과적인 재무 관리는 스타트업의 지속 가능한 성장을 위해 필수적이다. 다양한 자금 조달 방법을 모색하고, 자금의 효율적인 사용을 위해 철저한 재무 계획을 수립해야 한다.

마케팅 및 브랜딩 전략

강력한 브랜드 인지도와 마케팅 전략을 통해 시장에서의 입지를 확고히 할 수 있다. SNS, 콘텐츠 마케팅, PR 등 다양한 채널을 활용하여 타깃 고객에게 도달해야 한다. 스타트업의 성공은 이러한 전략들이 얼마나 잘 실행되고, 시장의 변화에 따라 전략을 적절히 조정할 수 있는지에 달려 있다. 창의적인 아이디어, 강력한 실행력, 그리고 지속적인 학습과 개선의 과정을 통해 스타트업은 성공으로 나아갈 수 있다.

8-2 샘 알트만의 창업에서 성장까지

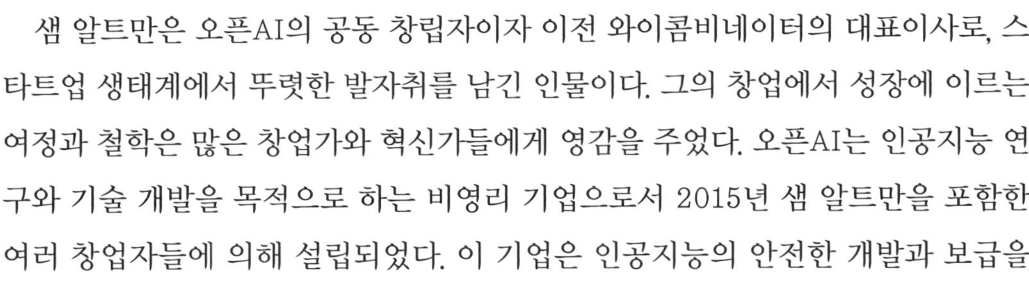

샘 알트만은 오픈AI의 공동 창립자이자 이전 와이콤비네이터의 대표이사로, 스타트업 생태계에서 뚜렷한 발자취를 남긴 인물이다. 그의 창업에서 성장에 이르는 여정과 철학은 많은 창업가와 혁신가들에게 영감을 주었다. 오픈AI는 인공지능 연구와 기술 개발을 목적으로 하는 비영리 기업으로서 2015년 샘 알트만을 포함한 여러 창업자들에 의해 설립되었다. 이 기업은 인공지능의 안전한 개발과 보급을 통해 인류에 이로운 영향을 미치고자 하는 비전을 가지고 있다.

1. 오픈AI의 창업 배경과 철학

1-1 창업 초기 비전과 목표

오픈AI는 인공지능 연구를 민주화하고, 고급 AI 기술을 인류 전체의 이익을 위해 개발하고자 하는 목표 아래 설립되었다. 창업자들은 AI 기술의 가능성과 함께 그로 인해 발생할 수 있는 위험을 인식하고, 이를 해결하기 위한 연구에 집중하고자 했다.

1-2 창업자들의 다양한 배경

샘 알트만을 비롯하여 일론 머스크, 그레그 브록만, 우지아 슈, 이야 볼츠키 등 다양한 배경을 가진 리더들이 모여 오픈AI를 설립했다. 이들 각자의 독특한 경험과 전문성이 오픈AI의 다양한 연구 방향과 철학을 형성하는 데 큰 영향을 미쳤다.

2. 주요 연구 프로젝트와 기술 개발

2-1 자연어 처리와 GPT 시리즈

GPT(Generative Pre-trained Transformer) 시리즈는 오픈AI의 가장 주목받는 프로젝트 중 하나이다. GPT-3는 특히 그 성능과 범용성으로 크게 주목받으며, 자연어 이해와 생성에서 새로운 기준을 설정했다.

2-2 로보틱스와 Dactyl

오픈AI는 로보틱스 연구에도 주목하여, Dactyl이라는 로봇 핸드를 개발하였다. 이 로봇은 인간의 손처럼 물체를 다루는 데 필요한 미세 조정 능력을 인공지능을 통해 습득하도록 설계되었다.

3. 윤리적 AI와 사회적 영향

3-1 AI 윤리 정책과 공개 원칙

오픈AI는 AI 기술의 윤리적 측면과 사회적 영향에 대해 깊이 고민하며, 연구 결과를 공개하는 원칙을 지키고 있다. 이를 통해 기술의 투명성을 높이고, 더 넓은 공동체와의 대화를 추구한다.

3-2 파트너십과 협력

다양한 기업과의 파트너십을 통해 AI 기술의 상용화와 실용화를 추진하고 있다. 이러한 협력은 기술의 사회적 수용을 촉진하고, 인공지능의 긍정적인 영향력을 확대하는 데 중요한 역할을 한다.

4. 샘 알트만의 리더십과 기업 문화

4-1 리더십 스타일과 철학

샘 알트만은 오픈AI에서 혁신적인 아이디어와 도전적인 프로젝트를 장려하는 리더십 스타일을 보여준다. 그는 팀원들에게 자율성을 부여하고 실험적인 접근을 격려하며, 이를 통해 창의적인 문제 해결과 지속 가능한 성장을 도모한다.

4-2 기업 문화의 구축

오픈AI의 기업 문화는 투명성, 협력, 그리고 윤리적 책임감을 중시한다. 이러한 문화는 구성원들이 각자의 전문성을 최대한 발휘할 수 있는 환경을 조성하고, 동시에 사회적 가치와 조직의 목표가 일치하도록 유도한다.

5. 오픈AI의 지속 가능성과 미래 전망

5-1 지속 가능한 발전 전략

오픈AI는 연구와 개발에 있어 지속 가능한 전략을 추구한다. 이는 기술의 안전성 확보와 함께 장기적인 사회적, 경제적 가치를 창출하는 것을 목표로 한다. 인공지능의 이익을 사회 전반에 공유함으로써 기술 진보가 모든 사람에게 긍정적인 영향을 미칠 수 있도록 노력하고 있다.

5-2 미래 기술의 도전과 기회

인공지능 기술의 급속한 발전은 새로운 도전과제를 제시하며, 오픈AI는 이에 대응하기 위해 지속적으로 연구 범위를 확장하고 있다. 미래에는 더욱 고도화된 AI 시스템이 인간의 일상생활과 산업에 깊숙이 통합되면서 이 기술이 가져올 변화를 선도하는 것이 중요한 과제가 될 것이다.

오픈AI와 샘 알트만의 리더십 하에서 이루어진 많은 혁신과 연구는 인공지능 분야에 있어 중대한 진보를 이루었다. 이들의 노력은 AI 기술이 인류에게 유익하게 작용하고, 그 위험을 최소화하는 방향으로 나아가는 데 결정적인 역할을 하고 있다. 오픈AI의 미래는 이러한 연구와 혁신이 어떻게 발전하고 적용되는지에 따라 크게 달라질 것이며, 이는 전 세계적인 기술 변화의 방향을 가늠하는 중요한 지표가 될 것이다.

8-3 위기 관리와 극복

샘 알트만은 창업과 성장에 대해 많은 조언을 해왔다. 그의 철학은 기하급수적 성장 곡선, 즉 J커브를 통해 부를 창출하는 것에 중점을 두었으며, 이는 연간 50%의 가치 성장을 경험하는 중소기업이 매우 짧은 시간 안에 대기업으로 성장할 수 있음을 의미한다. 성공적인 창업을 위해, 샘 알트만은 다음과 같은 전략을 강조한다.

시장의 중요성 인식

기하급수적으로 성장 중이거나 곧 성장할 시장을 파악하고, 이 시장에 투자함으로써 기업은 증가하는 수요의 혜택을 받을 수 있다.

스타트업 대표의 능력

스타트업의 성공은 창업자의 능력에 비례하며, 창업 전 다양한 직무 경험은 이러한 능력을 가늠하는 데 도움이 된다.

팀 빌딩과 인재 확보

재능 있는 인재들을 스타트업으로 유치하고, 사람들이 자발적으로 지인들에게 제품을 소개하게 만드는 훌륭한 제품을 개발하여 빠르게 성장하는 시장에 참여하는 것이 중요하다.

샘 알트만의 접근 방식은 네트워크 효과와 뛰어난 확장성을 활용하여, 스타트업이 단기간 내에 거대한 가치를 창출할 수 있도록 하는 데 초점을 맞춘다. 이러한 원칙들은 스타트업이 창업에서부터 성장까지 이르는 여정을 성공적으로 이끄는 데 필수적인 가이드라인이 된다.

샘 알트만의 인공지능과 기술 혁신에 대한 접근 방식은 업계에서 많은 주목을 받고 있다. 그는 인공지능 스타트업 협업과 기술의 미래에 대한 깊이 있는 통찰력을 제공하며, 창의성과 기술적 능력을 중요시한다. 샘 알트만은 오픈AI를 대표하며, GPT-5 출시 계획을 비롯한 여러 AI 기술 발전에 대한 심층적인 논의를 이끌었다. 그는 스타트업 대표들에게 AI 칩 생산과 같은 기술적 질문에 대해 통찰력 있는 답변을 제공한다.

이러한 세계관은 샘 알트만이 어떻게 기술 천재에서 혁신의 아이콘으로 변모했는지, 그리고 그가 인공지능의 미래를 어떻게 바라보고 있는지를 이해하는 데 도움을 준다. 그의 비전은 인공지능 시대에 젊은이들이 준비해야 할 일자리와 관련하여, 코딩, 컴퓨터 프로그래밍, 알고리즘, 데이터 분석 및 활용 등의 기술적 능력을 강조하는 데 중점을 둔다.

PART 9

샘 알트만의 인생 조언

9-1 실패를 통한 학습

샘 알트만은 실패를 통한 학습의 중요성을 강조하는데, 이는 기술과 기업가 정신에 있어서 필수적인 요소로 간주된다. 그의 접근 방식은 '한 번의 실패'를 최소화하면서 동시에 지속적인 학습과 적응의 중요성을 인식하는 데 초점을 맞춘다. 이러한 전략은 샘 알트만과 그의 팀이 AGI(일반 인공지능)와 같이 복잡하고 미지의 영역에서 성공적으로 작업할 수 있는 능력을 개발하는 데 도움을 준다.

샘 알트만의 철학에는 실패에서 배우는 것이 중요하며, 기업가들은 "여러 번의 실패 중에 한 번은 반드시 성공할 것"이라는 사고방식을 가져야 한다고 한다. 따라서 충분한 기회를 스스로에게 부여하여 운을 좋게 만들어야 한다.

이러한 관점은 오픈AI와 같은 조직에서의 실패 경험을 통해 적용되며, 이는 인공지능 기술의 발전 과정에서 크게 중요하다. 첫 번째 실패 후에 학습하고 빠르게 회복하는 능력은 팀이 미래의 성공을 위한 기반을 마련하도록 한다. 이는 챗GPT와 같은 프로젝트가 성공적인 결과로 이어지는 길을 닦는 데 큰 역할을 한다.

샘 알트만은 실패를 단순한 역경으로 보지 않고, 발전과 혁신으로 가는 길목에서 중요한 발판으로 인식한다. 그의 철학은 스타트업의 성공에 결정적인 영향을 미친 것으로 평가받고 있으며, 그의 조언은 현재와 미래의 기업가들에게 소중한 지침이 되고 있다.

9-2 인생의 균형 찾기

샘 알트만은 인생의 균형을 찾는 것에 대해 다양한 관점을 제시한다. 그의 생각에 따르면, 인생에서 균형을 찾는 것은 성공적인 경력뿐만 아니라 개인적인 만족과 행복에도 중요하다. 샘 알트만은 명성과 성취에 초점을 맞추면서도 건강, 개인적인 취미, 가족과의 시간 등 다른 삶의 영역을 소홀히 하지 않는 것이 중요하다고 강조한다.

그는 특히 스타트업을 운영하는 과정에서 일과 삶의 균형을 유지하는 것이 쉽지 않지만, 이는 창의성과 지속 가능한 생산성을 위해 필수적이라고 말한다. 샘 알트만은 개인적인 시간을 관리하고, 스트레스를 관리하며, 오프라인 활동에 참여하는 것이 효과적인 리더십과 장기적인 성공으로 이끈다고 믿는다.

시간 관리

스타트업 창업자로서 시간은 가장 귀중한 자산이다. 샘 알트만은 목표 설정과 우선순위 결정을 통해 시간을 효율적으로 관리할 것을 권장한다.

스트레스 관리

스트레스는 불가피하지만, 이를 관리하는 것은 행복과 성공에 중요하다. 그는 정기적인 운동, 명상, 충분한 수면이 스트레스를 줄이는 데 도움이 된다고 조언한다.

사회적 관계

인간관계는 행복의 큰 부분을 차지한다. 샘 알트만은 강력한 사회적 네트워크를 구축하고 가족과의 시간을 소중히 여길 것을 권장한다.

자기계발

지속적인 학습과 자기계발도 중요하다. 새로운 기술을 배우거나 취미를 가지는 것은 균형 잡힌 삶을 위한 필수 요소이다.

정신적 건강

정신적 건강을 유지하는 것도 중요하며, 이를 위해 자기 반성의 시간을 가지고, 필요한 경우 전문적인 도움을 구하는 것을 주저하지 말아야 한다. 샘 알트만의 이러한 원칙은 개인과 전문가 모두에게 영감을 줄 수 있으며, 행복한 삶과 성공적인 경력을 동시에 추구하는 이들에게 지침이 될 수 있다.

9-3 지속적인 자기 개발

샘 알트만은 지속적인 자기 개발의 중요성을 강조하는 인물로 알려져 있다. 그의 생각에 따르면, 성공은 개인의 능력 발전과 긴밀하게 연결되어 있다. 이러한 개발은 기술적 지식뿐만 아니라, 지속적인 학습, 새로운 경험의 탐색, 그리고 개인적 성찰을 포함한다.

샘 알트만은 특히 현대의 빠르게 변화하는 기술 환경에서 지속적인 학습이 필수적이라고 본다. 그는 새로운 기술의 출현에 적응하고, 이를 자신의 분야에 적용하는 능력이 경쟁 우위를 창출하고, 지속 가능한 경력을 구축하는 데 중요하다고 강조한다. 그의 자기 개발 접근 방식에는 다음과 같은 요소들이 포함된다.

생활 속에서의 학습

샘 알트만은 생활 속에서 지속적으로 학습하는 것의 가치를 인식하고, 직업적 역량을 강화하기 위해 새로운 정보와 지식을 탐색할 것을 권장한다.

실험과 경험

새로운 아이디어와 접근법을 실험하는 것이 중요하다고 보며, 이를 통해 창의적인 해결책을 발견하고 개인적인 성장을 촉진할 수 있다고 본다.

자기 반성

정기적인 자기 반성을 통해 개인의 강점과 약점을 평가하고, 이를 바탕으로 목표를 설정하고 성장 계획을 수립하는 것이 중요하다고 본다.

건강한 습관

몸과 마음의 건강을 유지하는 것이 장기적인 개인 개발의 기초라고 보며, 적절한 운동, 영양, 충분한 휴식을 강조한다. 샘 알트만이 추구하는 지속적인 자기 개발은 결국 끊임없이 변화하는 세계에서 개인이 적응하고 번영하는 데 도움이 되는 핵심적인 원동력으로 작용한다.

샘 알트만은 지속적인 자기 개발과 성장을 성공의 중심으로 여긴다. 그는 와이콤비네이터를 이끌면서, 불확실성이 많은 스타트업의 세계에서 성공하는 사람들은 '자기 확신'과 '독창적인 사고'를 발전시키는 데 시간을 투자한다고 말한다. 이것은 매우 강력한 자기 믿음과 거의 망상에 가까운 자신감을 키우는 것을 의미하며, 이것은 실제로 성공한 사람들이 공통적으로 가진 특징 중 하나이다.

그는 또한 지속적인 학습이 성공의 핵심임을 강조하며, 새로운 지식을 습득하고 자기 자신에게 투자하는 것의 중요성을 설명한다. 이를 통해 자신이 가진 생각을 명확하게 하고, 간결하고 평이한 언어를 사용하여 효과적으로 의사소통 할 수 있다고 본다.

이와 더불어 샘 알트만은 '합성'의 개념을 강조한다. 그것은 자신이 가진 재능과 역량을 점진적으로 더 큰 것으로 발전시켜 가는 과정을 의미한다. 예를 들어, 스타트업 창업자들에게 좋은 투자자가 되기 위한 여정 역시 학습, 실패, 피드백의 반복을 통해 성공적인 패턴을 합성해 내는 과정이라고 볼 수 있다.

샘 알트만의 이러한 조언들은 그가 오픈AI를 창립하고 성공으로 이끈 원칙들로, 스타트업 생태계뿐만 아니라 어떠한 경력을 가진 사람들에게도 적용될 수 있다. 그의 경험에서 나온 이 조언들은 다른 사람들이 자신의 경력과 인생에서 성공을 달성하는 데 도움이 될 수 있는 통찰력을 제공한다.

PART 10

샘 알트만 초창기 생애와 교육과 설립의 배경

10-1 대학 시절과 첫 사업 시도

샘 알트만의 대학 시절과 그의 첫 사업 시도는 그의 후일 대단한 성공을 이해하는 데 중요한 맥락을 제공한다. 대학 시절, 샘 알트만은 이미 독특한 경로를 걷고 있었다. 그는 보수적인 분위기의 마을에서 자라나 중학교 때 이미 성소수자로서 커밍아웃을 하였으며, 대학에서는 닉 시보와 함께 공동 창업자로 활동했다. 이 둘은 대학 시절부터 함께 사업을 모색하며, 9년간의 동성 연인 관계를 맺기도 했다.

대학을 졸업하지 않은 샘 알트만은 실리콘밸리에서 성공한 여러 기업가들 사이에서도 특별한 위치를 차지한다. 마이크로소프트의 빌 게이츠, 애플의 스티브 잡스와 마찬가지로, 샘 알트만 또한 대학교 졸업장 없이 성공의 길을 걸었다.

그의 초기 사업 시도는 나중에 오픈AI를 창업하며, 챗GPT와 같은 혁신적인 인공지능 기술을 선도하는 바탕이 되었다. 샘 알트만은 와이콤비네이터에서 근무하며 다수의 성공적인 투자를 진행했으며, 이 경험은 그가 오픈AI의 대표이사로서 널리 알려지게 하는 데 크게 기여했다. 이러한 경험들은 샘 알트만이 인류 전체를 대상으로 한 엄청난 단위의 시장에서 사업을 전개하는 데 있어서 중요한 역할을 했다.

10-2 오픈AI의 비전과 초기 목표

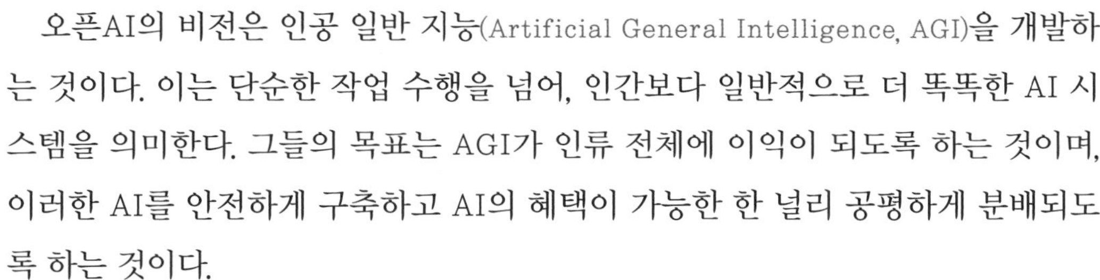

오픈AI의 비전은 인공 일반 지능(Artificial General Intelligence, AGI)을 개발하는 것이다. 이는 단순한 작업 수행을 넘어, 인간보다 일반적으로 더 똑똑한 AI 시스템을 의미한다. 그들의 목표는 AGI가 인류 전체에 이익이 되도록 하는 것이며, 이러한 AI를 안전하게 구축하고 AI의 혜택이 가능한 한 널리 공평하게 분배되도록 하는 것이다.

초기에 오픈AI는 디지털 지능을 발전시키는 것을 목표로 했으며, 이는 인류 전체에 가장 유익할 방법으로 추진되었다. 재정적 수익을 생성할 필요성에 구애받지 않고 인간에게 이익이 될 수 있는 방향으로 디지털 지능을 발전시키는 것이 핵심이었다.

이러한 비전과 목표는 오픈AI가 개발하는 고급 AI 기술들이 안전하고 유익한 방식으로 개발되며, 더 긍정적인 미래를 창조하는 데 기여할 것임을 명시한다. 오픈AI는 기술이 발전함에 따라 이러한 목표를 향해 계속 나아가고 있으며, 그들의 장기적인 목표는 기술 발전이 인류에 긍정적인 변화를 가져오도록 하는 것이다.

10-3 AI 기술의 변화

인공지능(AI) 기술의 진화는 지난 수십 년간 지속적으로 진행되어 왔다. 1956년에 처음 등장한 이래, AI는 정보를 인식, 학습, 추론하고, 행동하는 기술의 발전을 거듭하며 다양한 분야에서 사람처럼 작동하는 능력을 갖추게 되었다. 이 기술은 논리학, 심리학, 철학 등의 기초 학문 발전에 기인하며, 현재는 개인의 프라이버시 보호 문제 등 새로운 윤리적 이슈들을 제기하고 있다.

과거에 AI는 기술의 한계성으로 인해 침체기를 경험하기도 했지만, 최근에는 딥러닝과 같은 혁신적인 기술의 등장으로 새로운 발전기를 맞이했다. 이는 정보통신기술(ICT)의 발전과 더불어 AI가 새로운 산업혁명을 이끌어갈 수 있는 잠재력을 가지고 있음을 나타낸다.

AI의 발전은 국민의 특성 변화 및 산업 생태계와 고용 구조 변화를 가져오는 등 미래 사회 전반에 광범위한 영향을 미칠 것이다. AI 기술의 미래 전망과 혁신 정책 방향은 사회 구성원들에게 새로운 기회를 제공하고, 동시에 발생 가능한 위험을 최소화하는 데 중점을 두어야 한다.

PART 11

샘 알트만 초기 연구와 개발 시작

11-1 챗GPT 출현과 사회적 영향

챗GPT의 출현은 인공지능 기술의 눈부신 진보를 상징하며, 이는 사회의 다양한 분야에 깊이 있는 영향을 미치고 있다. 컴퓨팅 파워의 발전 덕분에 챗GPT와 같은 자연어 처리 모델의 학습 능력이 확장되었고, 이는 속도를 더해 가고 있다. 챗GPT는 쇼핑, 문화, 레저, 여행 등 일상생활의 다양한 분야에 적용되어 있으며, 이를 통해 사람들의 생활 방식을 혁신적으로 변화시키고 있다.

챗GPT와 같은 AI 기술의 확산은 언론과 사회에도 엄청난 변화를 가져올 것으로 기대되며, 긍정적이고 도전적인 영향을 동시에 가지고 있다. 이는 편의성과 효율성을 향상시키고, 자동화와 일자리의 변화를 촉진할 수 있다. 또한 언어와 문화의 이해를 증진시키는 도구로도 작용할 수 있다.

특히 언론 산업에서는 기자와 같은 지식노동자들이 챗GPT의 영향을 크게 받을 것으로 보이며, 이는 일부 직업군에 잠재적인 위험을 가져올 수도 있다. 기술적 진보는 새로운 유형의 직업을 창출할 가능성이 있지만, 기존 일자리에 대한 변화 또한 예상되고 있다. 이러한 변화는 국민들의 일과 삶에 대한 인식을 재정립하고, 직업 사회의 구조를 재조정하는 계기가 될 것이다.

챗GPT와 같은 AI 기술의 등장은 우리 사회 전반에 걸쳐 중요한 영향을 미칠 것으로 보이며, 이러한 영향은 앞으로도 계속될 것이다. 이는 우리에게 기술을 활용하는 방법을 새롭게 고민하게 만들고, AI와 공존하는 미래를 위한 준비를 요구한다.

인공지능(AI)의 발전이 가속화됨에 따라, 이에 대한 윤리적 책임과 사회적 책임은 점점 중요해지고 있다. AI 윤리의 핵심 쟁점으로는 개인정보 침해, 책임 소재의 문제, AI 오남용 등이 있으며, 이는 AI가 개인의 일상에 깊이 관여하는 현대 사회에서 더욱 두드러진다.

가장 우려되는 윤리 문제 중 하나는 개인정보의 침해이다. AI가 대량의 데이터를 처리하고 개인화된 서비스를 제공하는 과정에서 개인정보 유출의 위험이 커진다. 문제 발생 시 책임 소재를 명확히 하는 것도 어려운데, AI의 결정이나 행위로 인한 결과에 대해 누가 책임을 지는지가 불분명하다. AI의 오남용, 예를 들어 성차별, 인종 차별적 패턴의 학습과 반영은 AI 제품과 서비스의 사용 중단과 법적 문제로 이어질 수 있다.

윤리적 인공지능을 위해서는 도덕적, 법적 책임의 귀속 여부를 판단하는 사회적 인정 과정이 필요하다. 즉 AI 행위자가 자신의 행위에 대한 책임을 가질 수 있도록 하는 인정 투쟁이 중요하다. 이는 기술에 대한 법적 규제와 함께 AI의 발전 단계와 사회적 요구를 반영해야 한다.

AI의 윤리와 사회적 책임은 기술의 발전과 함께 인류가 당면한 중대한 과제이다. 이는 기술이 사회적 가치와 조화를 이루며 발전하도록 하는 법적, 윤리적 프레임워크의 수립을 요구한다. 이 프레임워크는 인간 중심의 AI 접근 방식을 촉진하고, 모든 이해관계자들의 참여를 통해 공공의 이익과 공정성을 보장하는 데 중점을 두어야 할 것이다.

11-2 AI 윤리 원칙의 개발과 사회적 책임의 AI 미래

오픈AI는 안전한 인공지능(AI) 개발을 선도하며 인류에 대한 깊은 영향력을 행사하는 기관이다. 이 조직은 인공지능 기술의 윤리적 책임과 그것이 인류의 미래에 미칠 영향에 대해 주목한다. 오픈AI의 등장은 AI의 신뢰성과 안전성에 대한 사회적 우려를 감소시키는 데 중점을 두고 있다. 예를 들어, 식품에 영양표시를 부착하는 것처럼 AI의 결정과 행동을 투명하고 책임감 있게 만드는 것이 중요하다.

AI의 거버넌스와 윤리는 국제적인 관심사가 되고 있으며, 선진국들은 AI 시스템에 법적 책임을 요구하는 동시에 이를 사회적 어젠더로 삼고 있다. 과학기술정보통신부와 같은 국가 기관들도 이에 발맞추어 정책을 개발하고 있다.

오픈AI의 성장은 먼저 AI가 어떻게 발전해 왔는지에 대한 이해로부터 시작된다. AI 시장 구조에 대한 개요와 AI에 대한 기본적인 이해를 바탕으로, 오픈AI는 AI의 혁신적인 잠재력과 함께 그것이 가져올 수 있는 위험 사이에서 균형을 모색하고 있다. 현재 AI 기술의 발전과 진화는 사회적 문제와 부작용을 야기할 수 있으며, 기계의 인간 지배 가능성과 같은 실존적 위협에 대한 논란도 있다.

이러한 배경에서 오픈AI는 AI에 대한 투명한 거버넌스와 함께 사회적 책임을 강조하고 있다. AI의 미래는 찬란한 가능성과 잠재적 파멸의 시나리오 사이에서 아직 확정되지 않았으며, 이에 대한 국제적인 합의는 아직 이루어지지 않았다. 그러나 확실한 것은 AI에 대한 책임 있는 접근이 필요하며, 이는 기술의 혁신적인 사용과 사회적, 윤리적 한계 사이에서 균형을 이루어야 한다는 것이다.

11-3 오픈AI 내에서의 역할과 영향

오픈AI는 인공지능 연구와 개발에서 중요한 위치를 차지하는 조직으로, 자연어 처리와 이해력, 빠른 반응을 제공하는 고급 모델들을 통해 비즈니스 성장을 위한 자동화 도구로 널리 인정받고 있다. 특히, GPT-3와 GPT-3.5, GPT-4, GPT-4o, GPT-o1과 같은 모델은 글로벌 산업에 혁신적인 자동화 솔루션을 제공하며, 마케팅 전략 개선에 귀중한 인사이트를 발견할 수 있도록 돕고 있다.

오픈AI의 정책과 제휴 기회는 기술 변화를 촉진하는 역할을 하며, 사회와 기업, 개인이 AI의 잠재력을 최대화하는 데 중요한 역할을 한다. 이러한 기술 변화는 특히 마케팅 및 콘텐츠 개발과 같은 영역에서 현저하며, 기존의 특정 역할이나 전문성을 간소화하고 새로운 역할을 창출하는 데 기여하고 있다.

오픈AI는 데이터 마이닝 및 분석을 위한 강력한 도구로 활용될 뿐만 아니라, AI 기술의 발전과 사회적 영향력을 고려하여 인공지능 분야에서 사회적 책임을 다하는 데 중점을 두고 있다. 이는 AI가 우리 사회에 미치는 영향에 대한 책임감 있는 접근을 포함하며, 오픈AI는 이러한 책임을 실현하기 위해 지속적으로 노력하고 있다.

오픈AI의 미션과 철학은 AI 기술을 활용하여 인류에 긍정적인 영향을 미치려는 근본적인 목표에 기반을 두고 있으며, 이는 조직 내에서의 그들의 역할과 영향력을 규정짓는 핵심 요소이다.

11-4 AI의 글로벌 영향

AI의 글로벌 영향은 광범위하며 계속해서 확대되고 있다. 이 기술은 경제, 사회, 문화의 각 분야에 근본적인 변화를 가져오고 있다. 예를 들어, AI의 발전은 전문 분야에서 일상적인 작업의 자동화는 물론, 새로운 혁신과 기회의 창출에 기여하고 있다.

AI는 특히 글로벌 산업에 큰 변화를 주도하고 있다. 자연어 처리와 같은 AI 기술의 발전으로 미디어, 커뮤니케이션, 서비스 제공과 같은 영역에서 업무 효율성이 크게 증가했다. 또한, AI의 사회경제적 영향은 정책 입안자들에게도 중요한 과제가 되고 있으며, 이에 대한 국제적인 대응 전략과 정책 개발이 진행되고 있다.

더 나아가, AI는 글로벌 시장에서 비즈니스 운영의 방식을 재정립하고, 마케팅, 고객 서비스, 제품 개발과 같은 영역에서 경쟁 우위를 확보하는 데 중요한 역할을 하고 있다. 그리고 AI 기술의 확산으로 사람들의 일상생활에 긍정적이고 부정적인 영향을 동시에 미치고 있다. 이에 따라 AI의 발전을 보는 시각은 사람마다 다르며, 이 기술이 가져올 미래에 대한 낙관과 비관이 공존하고 있다.

생성형 AI와 같은 첨단 기술은 의학, 과학, 공학, 인문학 및 사회과학 분야에서도 새로운 돌파구를 마련하고 있다. AI 기술의 발전은 기존의 방식을 효율화하고, 새로운 전문 분야와 역할을 창출하며, 인류가 직면한 문제를 해결하는 데 중요한 기여를 할 수 있다.

AI의 글로벌 영향은 끊임없이 진화하고 있으며, 이는 전 세계 사회의 변화와 진보를 이끌어가는 중심축이 되고 있다. AI 기술에 대한 균형 잡힌 접근은 이러한 기술이 가져오는 기회를 극대화하고 위험을 관리할 수 있는 지속 가능한 발전을 보장하는 데 필수적이다.

PART 12

AI와 글로벌 경제 영향력

12-1 AI의 글로벌 경제와 국제 관계의 변화

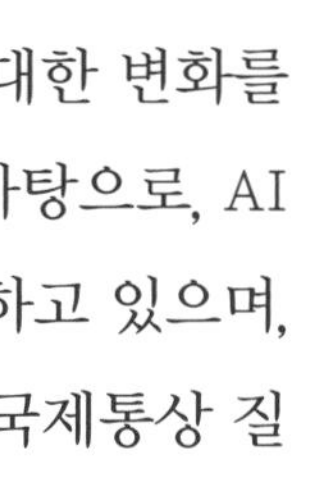

AI의 급속한 발전은 전 세계적으로 국제 관계와 글로벌 질서에 중대한 변화를 가져오고 있다. 빅데이터와 알고리즘, 그리고 강력한 컴퓨팅 파워를 바탕으로, AI는 의료, 법률, 금융, 제조, 농업 등 거의 모든 산업 분야에 혁신을 주도하고 있으며, 이는 정치 분야에도 상당한 영향을 미치고 있다. AI에 의해 변화되는 국제통상 질서는 새로운 디지털 통상 규범의 형성을 요구하고 있으며, 이는 국가 간 협력과 경쟁의 새로운 장을 열고 있다.

세계 각국은 AI 기술의 사회경제적 영향을 파악하고 이에 대응하기 위한 전략을 수립하고 있다. 예를 들어, 베트남은 AI 연구, 개발 및 응용에 대한 국가 전략을 통해 2030년까지 AI 분야의 선도국가가 되겠다는 목표를 세웠다. 이와 같은 AI 규제에 관한 입법 동향은 각국의 법률과 정책에 영향을 미치고 있으며, 이는 국제적인 AI 거버넌스 구축으로 이어지고 있다.

AI 기술의 확산은 국가안보, 고용, 사회복지, 교육 등 다양한 사회적 문제에 대한 새로운 접근 방식을 요구하고 있다. 특히, AI는 국가 간의 정보 공유와 협력을 촉진하고, 새로운 글로벌 파트너십을 형성하는 데 중요한 역할을 하고 있다. 이러한 기술은 국제 관계의 패러다임을 변화시키고, 전 세계적인 문제 해결을 위한 국제 사회의 공동 노력을 강화하는 촉매제가 되고 있다.

AI와 국제 관계의 변화는 국가 간의 동반자 관계, 경제적 협력, 그리고 글로벌 거버넌스에 대한 새로운 정의를 필요로 하다. AI의 장점을 극대화하고 리스크를 최소화하기 위해 국제적으로 협력하고 각국이 공동으로 책임을 지는 지속 가능한 발전 모델의 중요성이 강조되고 있다.

12-2 AI의 발전에 따른 직업의 미래

AI 시대에서는 일자리 패러다임이 변화할 것으로 예상되며, 많은 기존 직업들이 AI에 의해 대체될 위험에 처해 있다. 그러나 동시에 AI의 발전은 새로운 직업 분야와 역할을 창출함으로써 새로운 기회를 제공할 것이다. 예를 들어, AI 트레이너, AI 유지보수 전문가, 데이터 과학자와 같은 직종이 새롭게 등장하고 있다.

생성형 AI 시대에는 기존 지식을 AI에 학습시켜 더 효율적으로 업무를 수행할 수 있게 하는 새로운 전문직이 증가할 것으로 보인다. 이와 반대로, 특정 직업군이 AI 기술에 의해 축소될 수도 있다. 이러한 변화는 각 산업 및 국가에 따라 다르게 나타날 것이며, 교육과 훈련 체계에도 영향을 미칠 것이다.

AI 발달과 고용의 미래에 대해서는 AI로 인해 일부 일자리가 대체될 것이라는 우려와 함께 AI가 인간의 능력을 확장하고 새로운 형태의 고용을 창출할 것이라는 기대가 혼재하고 있다. 이에 따라 교육기관과 정부는 AI 시대에 필요한 새로운 기술을 가르치는 데 중점을 두어야 할 것이다.

AI의 발달은 우리가 일하는 방식을 혁신하고, 고용 시장에 새로운 동력을 제공할 것이다. 그러나 이러한 변화를 효과적으로 관리하고 AI가 가져올 긍정적인 영향을 극대화하기 위해서는 사회적 적응력을 키우고, 평생 교육의 중요성을 인식하는 것이 중요할 것이다.

12-3 AI에 의한 일자리 변화 시작

인공지능 시대는 불가피하게 새로운 직업과 기술의 필요성을 낳고 있다. AI가 일상과 산업의 여러 분야를 혁신하면서 일부 전통적인 직업은 자동화에 의해 위협을 받고 있으나, 동시에 다양한 신규 직업이 생성되고 있다. 예컨대 데이터 과학, AI 윤리 전문가, AI 트레이너, 로봇 공학 설계, AI 애플리케이션 개발 등이 새로운 일자리의 주류를 이룰 것으로 보인다.

AI 기술의 발전은 업무 효율성을 향상시키고, 생산성을 높이며, 경제 성장을 촉진하는 한편으로 여가 시간의 증가와 같은 사회적 변화도 기대할 수 있다. AI 시대에는 기술적 측면뿐만 아니라 윤리적, 사회적, 문화적 고려가 중요해진다. 새로운 기술의 발전이 경제와 사회에 미치는 영향을 사전에 평가하고, 이를 정책에 반영하는 것이 중요하다.

AI 관련 유망 직업은 데이터 분석, AI로 인해 대체될 가능성이 높은 직업군의 재교육 및 전환을 포함하여, 기계와 상호 작용하는 업무 등으로 구성될 것이다. AI의 도입은 일의 속성을 변화시키고 새로운 직업의 출현 가능성을 높인다. 이러한 경향은 기술적 측면과 사회경제적 측면을 함께 고려할 때 더욱 명확해진다.

AI 기술 도입이 직업 세계에 미치는 영향을 분석한 결과, 기술적 측면만 고려하면 AI가 인간을 대체할 가능성이 매우 높지만, 사회경제적 측면을 함께 고려할 때 AI와 인간이 공존할 수 있는 직업 분야가 더욱 확대될 수 있다. 인공지능 시대에는 일자리의 변화와 함께 새로운 기술의 발전이 필수적이며, 이에 대한 교육과 훈련이 중요한 역할을 한다.

PART 13

AI와 교육 변화 예고 시작

13-1 AI에 의한 일자리 변화 시작

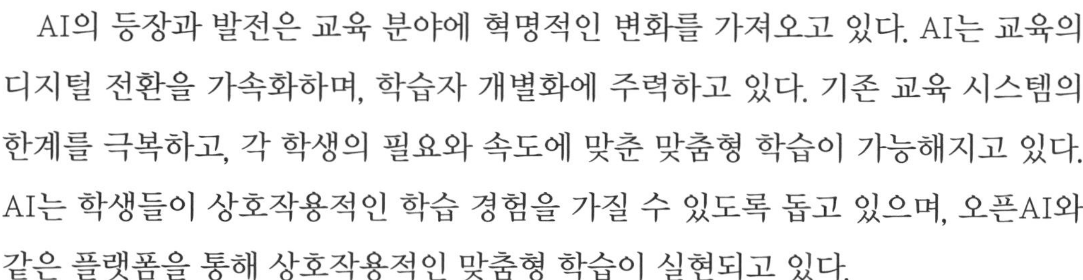

AI의 등장과 발전은 교육 분야에 혁명적인 변화를 가져오고 있다. AI는 교육의 디지털 전환을 가속화하며, 학습자 개별화에 주력하고 있다. 기존 교육 시스템의 한계를 극복하고, 각 학생의 필요와 속도에 맞춘 맞춤형 학습이 가능해지고 있다. AI는 학생들이 상호작용적인 학습 경험을 가질 수 있도록 돕고 있으며, 오픈AI와 같은 플랫폼을 통해 상호작용적인 맞춤형 학습이 실현되고 있다.

AI 교육은 형평성과 포용성을 높이는 방향으로 나아가야 한다. AI 기기를 활용한 개별 학습은 학생 간 상호작용을 줄이고, 기계가 결정을 내리는 방향으로 진행되기 쉽지만, 이는 학생들의 자기조절 능력, 비판적 사고 능력을 감소시킬 수 있다. 그러므로

AI 교육은 단순 지식 전달에서 벗어나 학습자가 중심이 되는 교육으로 전환해야 한다.

한국AI교육협회 조성수 부회장(좌), 한국자격교육협회 조윤호 회장(중앙), 손지원(부성초 6학년)은 한국자격교육협회 조윤호 회장으로부터 최연소 AI인공지능활용지도사 자격증을 취득했다. 한국AI교육협회 문형남 회장(우)

AI는 교육 패러다임을 '블렌디드 러닝'으로 전환하고 있으며, 이는 디지털과 현실의 경계를 허물고 있다. AI 디지털 교과서와 같은 도구들은 교육 내용의 전달 방식을 변화시키고 있으며, 학습자와 교수자 모두에게 새로운 학습 환경을 제공하고 있다. AI 교육의 발전은 인간의 지능을 구현하기 위한 뇌세포의 상호작용과 상호 적응 능력에 대한 중요성을 더욱 강조한다.

AI 교육은 초중등 교육뿐만 아니라 고등 교육 및 평생 교육에도 영향을 미치고 있다. AI 교육 기술의 도입이 직업 세계에 미치는 영향을 분석한 결과, AI가 인간을 대체할 가능성이 있는 것처럼 보이지만, 사회경제적 측면을 함께 고려할 때 AI와 인간이 공존하며 서로를 보완할 수 있는 직업 분야가 확대될 수 있다.

이러한 변화는 교육자와 학습자 모두에게 새로운 도전과 기회를 제공한다. AI 시대의 교육은 더 이상 단순한 지식 전달에 그치지 않고, 창의적인 사고와 비판적 사고를 중심으로 한 학습이 필요하다. 이를 통해 학습자는 AI 기술의 사용법뿐만 아니라 AI 기술에 의해 발생할 수 있는 다양한 사회적, 윤리적 문제에 대한 이해와 적응력을 기를 수 있다.

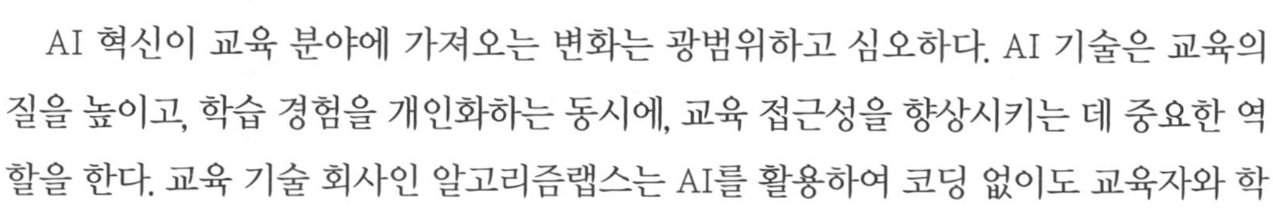

13-2 교육 분야에서의 AI 혁신

AI 혁신이 교육 분야에 가져오는 변화는 광범위하고 심오하다. AI 기술은 교육의 질을 높이고, 학습 경험을 개인화하는 동시에, 교육 접근성을 향상시키는 데 중요한 역할을 한다. 교육 기술 회사인 알고리즘랩스는 AI를 활용하여 코딩 없이도 교육자와 학습자가 AI를 효과적으로 업무와 학습에 활용할 수 있도록 교육 프로그램을 제공한다.

(중앙)숙명여대 문시연 총장
숙명여대 AI ESG 융합 전문가 심화 과정 드림팀

한국AI교육협회 조성수 부회장(좌), 윤영선 이사(중앙), 김진영 이사(중앙), 한국AI교육협회 문형남 회장(우)
숙명여대 AI ESG 융합 전문가 과정 드림팀

교육부는 '모두를 위한 맞춤 교육'을 실현하기 위해 디지털 기반 교육 혁신 방안을 발표하였다. 이는 AI를 활용하여 각 학생에게 최적화된 교육을 제공할 수 있는 디지털 교육의 새로운 시대를 의미한다. AI 융합 교육은 학생들에게 더 많은 상호작용과 참여 기회를 제공하며, 기술이 교육의 모든 측면에 통합됨으로써 학습과 교육의 패러다임을 변화시킨다.

AI의 도입은 교육자가 학습자에게 맞춤화된 경험을 제공할 수 있도록 지원하고, 다양한 문제 해결과 교육 혁신을 가능하게 한다. 이는 학습 내용을 개인화하고, 학습 속도를 조절하며, 교육적 측면에서 학생들이 자신의 잠재력을 최대한 발휘할 수 있는 환경을 조성한다.

AI는 학생과 교사 모두에게 더 큰 가치를 제공하는 새로운 교육 시스템을 구축하는 데 기여하고 있다. 교육 분야에서의 AI 혁신은 지속적인 연구와 발전을 통해 앞으로도 많은 가능성을 열어 가고 있으며, 이는 궁극적으로 교육의 미래와 학생들의 학습 성과에 긍정적인 영향을 미칠 것이다.

13-3 AI와 건강 관리

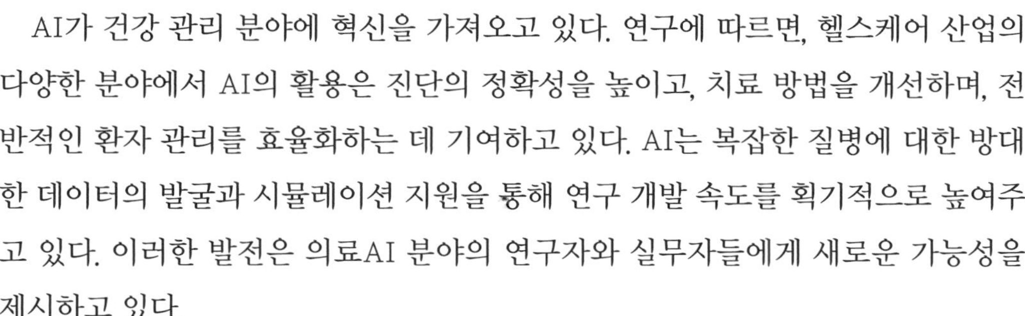

AI가 건강 관리 분야에 혁신을 가져오고 있다. 연구에 따르면, 헬스케어 산업의 다양한 분야에서 AI의 활용은 진단의 정확성을 높이고, 치료 방법을 개선하며, 전반적인 환자 관리를 효율화하는 데 기여하고 있다. AI는 복잡한 질병에 대한 방대한 데이터의 발굴과 시뮬레이션 지원을 통해 연구 개발 속도를 획기적으로 높여주고 있다. 이러한 발전은 의료AI 분야의 연구자와 실무자들에게 새로운 가능성을 제시하고 있다.

헬스케어 기업들은 환자와 의료 시스템의 효율성을 높이기 위해 AI 기술을 활용하는 방법을 모색하고 있으며, 이는 의료 진단, 치료 계획 수립, 환자 모니터링 등 다양한 의료 서비스의 질을 개선하고 있다. IoT, 빅데이터, 클라우드 등의 디지털 혁신 기술과 함께 AI의 발전은 헬스케어 산업의 지속 가능한 발전을 예고하고 있다.

AI의 적용으로 헬스케어 분야는 개인화된 치료와 예방 관리에 점점 더 집중하게 될 것이다. AI를 통해 개인의 건강 데이터를 분석하고, 맞춤형 건강 솔루션을 제공하는 것이 가능해지고 있다. 이는 환자의 삶의 질을 향상시키고, 의료 비용을 절감하며, 보다 효과적인 건강 관리를 실현할 수 있는 길을 열어 준다.

AI 기술은 환자의 더 나은 건강 관리와 의료 서비스의 혁신을 이끌고 있으며, 건강 관리 전문가들은 이 기술을 통해 보다 정확한 진단, 치료, 예방 서비스를 제공할 수 있게 되었다. 이처럼 AI의 긍정적인 영향은 헬스케어 분야에서 중요한 변화를 가져오고 있으며, 이러한 기술이 가져올 미래에 대한 기대가 크다.

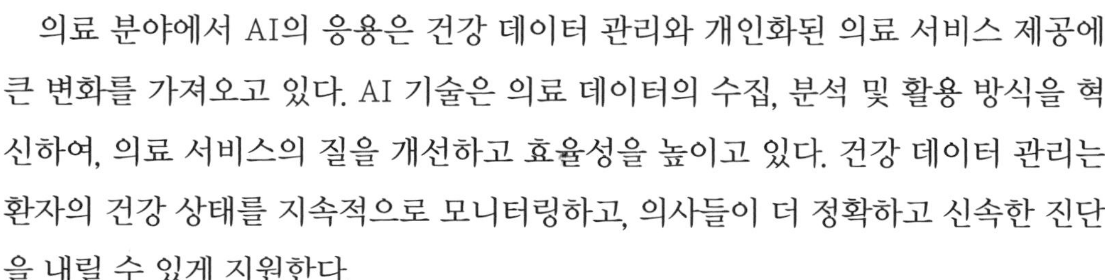

13-4 의료 분야에서의 AI 응용 - 건강 데이터 관리와 개인화 의료

의료 분야에서 AI의 응용은 건강 데이터 관리와 개인화된 의료 서비스 제공에 큰 변화를 가져오고 있다. AI 기술은 의료 데이터의 수집, 분석 및 활용 방식을 혁신하여, 의료 서비스의 질을 개선하고 효율성을 높이고 있다. 건강 데이터 관리는 환자의 건강 상태를 지속적으로 모니터링하고, 의사들이 더 정확하고 신속한 진단을 내릴 수 있게 지원한다.

개인화된 의료는 AI를 통해 환자 개인의 특성에 맞춘 맞춤형 치료 계획을 수립할 수 있게 해준다. 예를 들어, AI는 많은 양의 의료 데이터를 분석하여 각 환자에게 가장 적합한 치료 방안을 제시하고, 유망한 신약 후보를 식별하며, 임상 연구의 방향을 제시할 수 있다. 이러한 AI의 힘을 활용하여 가상 건강 보조원이나 원격 건강 모니터링 시스템과 같은 지원 도구를 개발하고 있다.

AI의 활용은 디지털 헬스케어의 새로운 가능성을 열고 있으며, 의료 분야의 디지털 전환을 가속화하고 있다. 헬스케어 데이터 구축과 활용, 의료 분야에서의 스마트 데이터화는 AI 기술의 적용을 통해 더욱 확대될 것으로 예상된다. 이는 의료 분야에서의 회사 및 단체와의 협력을 통해 보건의료 인공지능의 발전을 촉진하고 있다.

AI와 데이터 분석은 개인화된 의료를 실현하는 데 필수적인 요소로서, 의료 분야에서 AI의 잠재력을 완전히 발휘하기 위해서는 이 기술들이 어떻게 활용되는지에 대한 깊은 이해와 전략적 접근이 필요하다. 이는 보건의료 분야 데이터 및 인공지능 플랫폼의 분석과 발전 방향 설정에 중요한 역할을 하고 있다. AI는 의료 분야의 데이터 기반 개인 건강 관리 시스템을 혁신하고 있으며, 이는 개인화된 의료 서비스의 질을 향상시키는 데 중요한 기여를 하고 있다.

PART 14

AI와 창의성을 융합

14-1 AI를 통한 예술 창작

AI와 창의성은 현재 학계와 기술 산업에서 활발히 탐구되는 주제이다. 최근 연구들은 AI, 특히 고급 언어 모델인 챗GPT-4가 인간의 창의적 사고를 모방하거나 능가할 수 있는 가능성을 탐구하고 있다. 아칸소 대학의 연구는 이러한 AI의 창의적 능력을 실험적으로 탐구했고, 그 결과 AI가 창의적인 문제 해결에 인간과 비교할 수 있을 만큼의 능력을 보여주었다고 한다.

AI는 또한 집단적 창의성을 낮출 위험이 있음에도 불구하고 비즈니스 문제 해결에 유용하게 사용될 수 있다. 전문 서비스 환경에서 생성형 AI의 사용 행태를 테스트한 연구는 AI가 실제 업무에 어떤 영향을 미칠 수 있는지 구체적인 인사이트를 제공한다. 예술 분야에서의 AI의 활용은 창의성의 자동화라는 새로운 경계를 탐색하고 있다.

AI는 미술 작품의 창의성 평가에 영향을 미칠 수 있으며, 인간 작가에 대한 정보가 미술품의 평가에 여전히 중요한 역할을 하는 것으로 나타났다. 이는 인간의 창의성이 모호한 영역에서 AI보다 더 높게 평가받는 경향이 있다는 것을 시사한다.

AI는 창의적인 문학 작품을 생성하는 능력에 있어서도 그 잠재력을 보여주고 있다. 창의성을 통한 문학 작품의 생성 가능성과 한계를 탐구하는 연구는 AI가 조합적 창의성, 탐색적 창의성, 변혁적 창의성의 여러 방식으로 창의성을 발현할 수 있음을 시사한다.

AI의 창의성은 이제 단순히 알고리즘의 계산 능력을 넘어, 인간의 예술적, 문학적, 문제 해결적 창의성을 이해하고 확장하는 새로운 수준에 도달하고 있다. 이러한 발전은 AI가 미래의 다양한 분야에서 인간과 협력하고, 인간의 창의성을 보조하는 새로운 역할을 하게 될 것임을 의미한다.

14-2 창의력과 AI의 상호작용

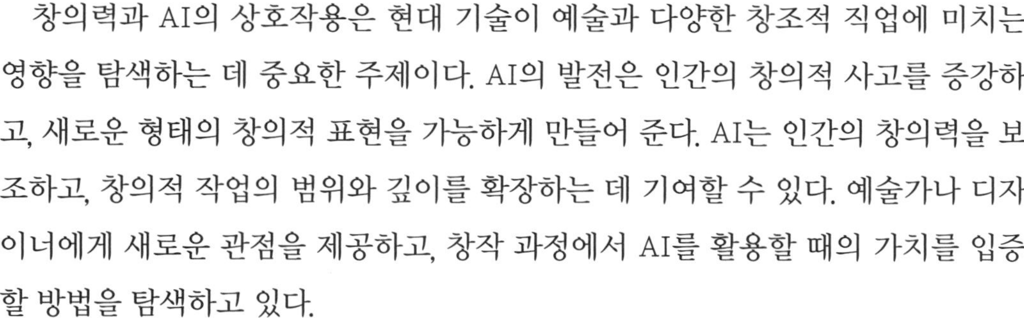

창의력과 AI의 상호작용은 현대 기술이 예술과 다양한 창조적 직업에 미치는 영향을 탐색하는 데 중요한 주제이다. AI의 발전은 인간의 창의적 사고를 증강하고, 새로운 형태의 창의적 표현을 가능하게 만들어 준다. AI는 인간의 창의력을 보조하고, 창의적 작업의 범위와 깊이를 확장하는 데 기여할 수 있다. 예술가나 디자이너에게 새로운 관점을 제공하고, 창작 과정에서 AI를 활용할 때의 가치를 입증할 방법을 탐색하고 있다.

AI의 창의성은 현재 인간의 창의력에 도전하고 있으며, 인간과 AI의 상호작용을 통해 창의적 결과를 도출해 내고 있다. 인공지능은 창작 과정에 적용될 때 예술가들이 창조적인 잠재력을 폭발시키고, 창작의 효율성과 창의성이 지속적인 사용 의도에 어떻게 영향을 미칠지에 대한 연구가 이루어지고 있다.

AI와 창의성 사이의 상호작용은 창의력과 문제 해결 능력, 감성과 인간적 상호작용, 윤리적 판단력과 사회적 책임 등 인간 고유의 역량을 강화하는 데 중요한 역할을 할 것으로 예상된다. 인공지능이 인간의 창의성을 대체하는 것이 아니라 이를 향상시키고, 자유롭게 해방시키며, 사람들과의 상호작용을 어떻게 발전시킬지에 대한 기대가 높다.

AI는 단순히 계산과 분석에 능한 도구를 넘어 창의적 아이디어와 예술 작품을 만들어 낼 수 있는 파트너로서 인간의 창의력을 돕는 새로운 시대를 열고 있다. 인간과 AI의 이러한 상호작용은 창의적 영역에 혁신적인 변화를 가져올 것이며, 인간의 창조적 능력을 더욱 확장시킬 것으로 기대된다.

14-3 인간과 AI의 상호 작용

AI의 진보는 사회적 연결성에 대한 우리의 이해를 재구성하고 있다. 제4차 산업혁명이 진행되면서 우리는 빅데이터와 초연결 기술을 기반으로 한 사회로 나아가고 있다. AI는 이 변화의 중심에서 사람들과의 대화, 관계 형성, 필요한 정보와 서비스 제공을 통해 사회적 고립을 줄이는 데 도움을 주고 있다. 이 기술은 특히 혼자 있는 사람들에게 중요한 사회적 상호작용의 수단이 될 수 있다.

AI와 함께하는 디지털 사회로의 여정은 새로운 기대를 가지게 한다. 하지만 이러한 기술적 변화에 능동적으로 대응하는 것은 여전히 미흡하다. AI가 인간과 교감할 수 있는 능력을 발전시키는 것과 더불어, 기술 발전으로 인한 윤리 문제와 사회적 이슈에 대한 대처가 필요하다.

AI는 사회 보장과 같은 분야에서도 중요한 역할을 하고 있으며, 챗봇과 같은 기술이 사람들과 원활하게 연결될 수 있는 방법을 모색하고 있다. 이러한 AI의 발전은 인간과 기계 간의 관계를 다시 생각하게 하며, AI의 사회적 또는 직업적 변화에 대응하기 위한 새로운 접근 방법을 제시한다.

AI는 인간의 삶에 중요한 영향을 미칠 뿐만 아니라 사회학적 관점에서도 중요한 연구 주제이다. 기술과 사회의 만남을 다양한 이론적 관점에서 볼 때, AI 기술은 우리의 일상생활뿐만 아니라, 사회적 구조와 관계를 형성하는 방식에도 영향을 미치고 있다.

AI가 우리 사회에 미치는 영향을 고찰함에 있어, AI와 인간의 상호작용이 더 긍정적이고 생산적인 결과를 낳을 수 있는 방법을 탐색하는 것이 중요하다. AI를 통해 우리는 사회적 연결성을 강화하고, 새로운 형태의 상호작용을 탐구할 수 있다.

14-4 AI와 개인 정보 보호

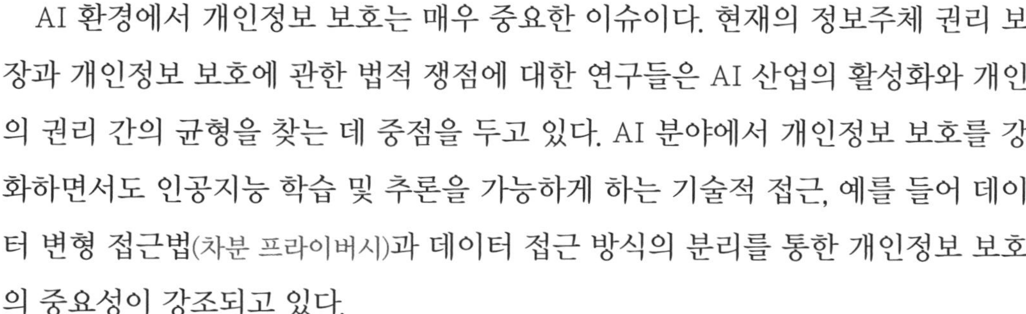

AI 환경에서 개인정보 보호는 매우 중요한 이슈이다. 현재의 정보주체 권리 보장과 개인정보 보호에 관한 법적 쟁점에 대한 연구들은 AI 산업의 활성화와 개인의 권리 간의 균형을 찾는 데 중점을 두고 있다. AI 분야에서 개인정보 보호를 강화하면서도 인공지능 학습 및 추론을 가능하게 하는 기술적 접근, 예를 들어 데이터 변형 접근법(차분 프라이버시)과 데이터 접근 방식의 분리를 통한 개인정보 보호의 중요성이 강조되고 있다.

AI 기술/서비스 기반의 개인정보 보호 모델에 대한 연구는 개인정보 보호와 AI

기술의 발전을 동시에 추구하는 모델을 제시한다. 이러한 연구들은 AI 환경에서의 프라이버시 보호 방안을 모색하고, 이해관계자들이 실질적으로 개인정보를 보호할 수 있는 실질적인 조치를 취할 수 있도록 도움을 준다.

개인정보 보호 정책의 개선 방안 연구는 AI 산업 생태계에서 중요한 역할을 하는 인공지능 사업자들의 의견을 수렴하고, 개인정보 규제에 대한 실질적인 해결책을 제시한다. 이러한 연구들은 AI와 개인정보 보호 간의 갈등을 해결하고, 학계와 산업계 모두에 유용한 지침을 제공할 수 있다.

AI 환경에서 개인정보 보호는 AI 기술의 발전뿐만 아니라, 개인의 프라이버시를 보호하는 것에 중요한 영향을 미치며, 균형 잡힌 접근 방법을 통해 AI의 사회적 및 경제적 이점을 최대화하면서도 개인의 권리를 보호할 수 있는 방안을 찾는 것이 중요하다.

PART 15

데이터 보호와 프라이버시 이슈

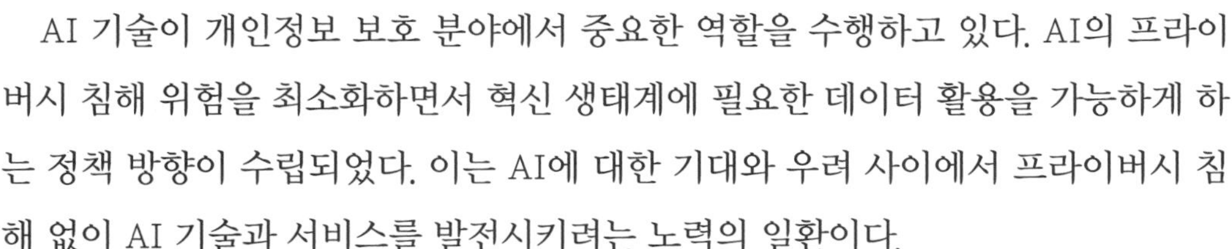

15-1 개인정보 보호를 위한 AI 기술의 역할

AI 기술이 개인정보 보호 분야에서 중요한 역할을 수행하고 있다. AI의 프라이버시 침해 위험을 최소화하면서 혁신 생태계에 필요한 데이터 활용을 가능하게 하는 정책 방향이 수립되었다. 이는 AI에 대한 기대와 우려 사이에서 프라이버시 침해 없이 AI 기술과 서비스를 발전시키려는 노력의 일환이다.

AI 환경에서 현행 '개인정보 보호법'을 해석하고 적용하는 것은 AI와 개인정보 보호 간의 균형을 맞추는 데 중요하다. AI의 윤리적 측면과 개인정보 보호 관점에서 접근하고, 실질적으로 개인정보를 보호하는 동시에 AI 산업을 활성화하는 방향으로 연구가 진행되고 있다.

정부 정책은 AI 시대에 개인정보의 안전한 활용을 위해 데이터 기반 경제 성장을 지원하고, AI 기술 및 서비스 개발에 필요한 정보주체의 권리를 보장하는 데 초점을 맞추고 있다. 이를 위한 AI 기술의 개발과 적용이 중요한 부분을 차지하며, 개인정보 보호와 활용 사이의 균형을 찾는 것이 핵심 과제로 남아 있다.

15-2 AI와 자율 주행차 기술의 발전

AI 기술이 개인정보 보호 분야에서 중요한 역할을 수행하고 있다. AI의 프라이버시 침해 위험을 최소화하면서 혁신 생태계에 필요한 데이터 활용을 가능하게 하는 정책 방향이 수립되었다. 이는 AI에 대한 기대와 우려 사이에서 프라이버시 침해 없이 AI 기술과 서비스를 발전시키려는 노력의 일환이다.

AI 환경에서 현행 '개인정보 보호법'을 해석하고 적용하는 것은 AI와 개인정보 보호 간의 균형을 맞추는 데 중요하다. AI의 윤리적 측면과 개인정보 보호 관점에서 접근하고, 실질적으로 개인정보를 보호하는 동시에 AI 산업을 활성화하는 방향으로 연구가 진행되고 있다.

정부 정책은 AI 시대에 개인정보의 안전한 활용을 위해 데이터 기반 경제 성장을 지원하고, AI 기술 및 서비스 개발에 필요한 정보 주체의 권리를 보장하는 데 초점을 맞추고 있다. 이를 위한 AI 기술의 개발과 적용이 중요한 부분을 차지하며, 개인정보 보호와 활용 사이의 균형을 찾는 것이 핵심 과제로 남아 있다.

15-3 사회적 수용과 윤리적 고려 사항

자율주행 기술의 발전은 교통 안전, 효율성 및 접근성 향상과 같은 잠재적 이점을 제공하지만, 동시에 여러 윤리적, 사회적 고려 사항을 야기한다. 자율주행차의 상용화와 관련된 주요 윤리적 고려 사항에는 안전 문제, 결정 프로세스의 투명성, 책임의 명확화, 사생활 보호 등이 있다.

우선, 자율주행 차량은 충돌 상황에서의 윤리적 딜레마에 직면하게 된다. 이러한 상황에서 기계가 내려야 할 판단은 인간의 삶과 안전을 위협할 수 있기 때문에 사전에 잘 정의된 윤리 가이드라인이 필요하다. 또한, 데이터 관리에 있어서도 자동차 제작자, 연구원 및 사용자의 역할과 책임이 명확해야 하며, 이는 기술 발전을 촉진하고 사회적 수용을 증가시키는 데 중요하다.

자율주행차의 사고 예방 및 대응 메커니즘은 사고 발생 시 책임 소재를 명확히 해야 한다. 이를 위해서는 관련 법 제·개정 및 정책의 발전이 필요하다. 또한 자율주행차의 안전성 확보는 기술 개발의 전제 조건으로, 도덕적 가이드라인을 고려하고 적용하는 것이 중요하다.

자율주행 기술의 빠른 발전은 사회적 수용의 관점에서도 중요하다. 사용자의 신뢰와 수용성이 없다면, 이 기술은 널리 보급되거나 효과적으로 적용될 수 없다. 이를 위해 기술 발전과 함께 교통 안전 향상, 환경 보호, 삶의 질 개선 등의 사회적 가치를 추구해야 한다.

PART 16

AI와 금융 서비스

16-1 AI와 금융 서비스

AI는 금융 서비스 분야에서 혁신을 주도하고 있다. AI 기술을 활용하면 알고리즘 기반의 트레이딩, 이상 거래 탐지, 신용 평가 및 보험 분야에서 효율성을 높일 수 있다. 예를 들어, AI는 거대한 데이터 세트를 분석하여 신용 위험을 더 정확하게 평가하고, 이상 거래를 신속하게 식별하여 금융 사기를 방지하는 데 중요한 역할을 한다. 또한, AI는 개인화된 고객 경험을 제공하고, 고객의 금융 거래 내역과 온라인 탐색 정보를 통합하여 맞춤형 금융 상품과 서비스를 제안하는 데 사용될 수 있다.

AI는 금융 서비스의 초개인화를 실현하는 데 필수적인 도구로 자리 잡고 있으며, 특히 MZ세대와 같이 AI가 제공하는 서비스에 익숙한 소비자 세대에게 더 큰 기대를 받고 있다. 이를 통해 금융기관은 더욱 고객 중심적인 서비스를 제공할 수 있다. AI의 도입은 금융권의 기존 서비스를 혁신하고, 새로운 금융 솔루션을 개발하는 데 있어 중요한 기술적 기반이 되고 있다.

16-2 금융 분야 위험 관리와 알고리즘 트레이딩

AI의 발전은 금융 서비스 분야에서 위험 관리와 알고리즘 트레이딩에 근본적인 변화를 가져왔다. 이러한 기술들은 금융기관이 데이터를 더욱 효과적으로 분석하고, 복잡한 금융 시장에서 신속하게 대응하며, 고객에게 더 나은 서비스를 제공하는 데 도움을 준다.

위험 관리

AI 기술은 금융기관이 시장 변동성, 신용 위험, 사기와 같은 다양한 금융 위험을 예측하고 관리하는 데 사용된다. 머신러닝 알고리즘은 과거 데이터를 학습하여 미래의 위험을 예측하고 이에 대한 경고를 할 수 있으며, 이를 통해 금융기관은 잠재적 손실을 최소화할 수 있다. 또한, AI는 규제 준수를 보장하며 금융 서비스 업계에서 의사 결정을 강화하는 데 기여한다.

알고리즘 트레이딩

알고리즘 트레이딩은 복잡한 수학적 모델과 알고리즘을 사용하여 고속으로 주문을 실행하고 금융 시장에서의 기회를 포착한다. 이 방법은 금융 시장의 효율성을 높이고 거래 비용을 줄이는 데 기여한다. AI는 실시간 데이터를 분석하여 시장의 패턴과 트렌드를 파악하고, 이를 바탕으로 최적의 거래 전략을 자동으로 실행한다.

이러한 AI의 적용은 금융 서비스를 더욱 개인화하고 고객에게 맞춤형 투자 조언을 제공하는 데에도 도움이 된다. 결국, AI의 통합은 금융 분야에서 더욱 안정적이고 신뢰할 수 있는 서비스를 제공하는 것을 목표로 하고 있다.

16-3 AI와 사이버 보안에서의 AI 응용

AI의 발전은 사이버 보안 분야에서도 혁신을 일으키고 있다. AI와 머신러닝 기술은 이제 보안 위협을 식별, 예측, 그리고 방어하는 데 필수적인 도구가 되었다. AI는 이상 행동 탐지, 즉 네트워크에서 비정상적인 활동을 감지하여 보안 위협을 신속하게 식별할 수 있게 한다. 이는 사이버 공격을 조기에 차단하고 피해를 최소화하는 데 도움을 준다. 또한 AI는 매우 복잡한 데이터 분석을 수행하여 사이버 공격 패턴을 파악하고, 실시간으로 적절한 대응 조치를 취할 수 있는 인텔리전스를 제공한다.

AI 보안 기술의 또 다른 중요한 사용 사례는 보안 운영 센터(SOC)의 효율성 향상이다. AI가 자동화된 위협 탐지와 대응을 지원함으로써 보안 전문가들은 보다 복잡한 문제에 집중하고, 반복적인 작업에서 벗어날 수 있다.

그러나 AI 기반 보안 시스템은 적대적인 AI 기술에 대응하는 방법도 고려해야 한다. 공격자들은 AI를 이용해 공격 기법을 개발하고 보안 시스템을 우회할 수 있기 때문에 방어 메커니즘 또한 지속적으로 업데이트하고 강화해야 한다.

AI 보안 솔루션의 효과적인 구현을 위해서는 기술적, 법적, 윤리적 측면을 모두 고려한 종합적인 접근 방식이 필요하다. 또한 AI 기술이 고도화됨에 따라 사이버 보안 전문가들은 AI 시스템의 동작 방식을 이해하고, 새로운 위협에 대비한 연속적인 교육을 받는 것이 중요하다.

AI와 보안은 서로 긴밀히 연결되어 있으며, 미래의 보안 전략에서 AI의 역할은 계속해서 중요해질 것이다.

AI 기반의 보안 대응 시스템은 현대 사이버 보안 영역에서 중요한 역할을 담당하고 있다. 이러한 시스템들은 대규모 데이터를 분석하고, 패턴을 인식하여 이상 행위를 탐지하며, 실시간으로 보안 위협에 대응하는 능력을 가지고 있다. 이는 전통적인 보안 메커니즘을 상당히 향상시키며, 보안 팀이 더 복잡하고 고급스러운 위협을 해결하는 데 집중할 수 있도록 지원한다.

AI 기술은 악성코드 탐지, 네트워크 트래픽 분석, 자동화된 침입 탐지 시스템과 같은 고전적인 보안 솔루션의 효율성을 높일 수 있다. 또한, AI는 새로운 종류의 사이버 공격에 대해 더 빠르게 학습하고 적응할 수 있는 능력을 가지고 있어, 보안 전문가들에게 중요한 인사이트를 제공한다.

그러나 AI 기반 보안 대응 시스템은 완벽하지 않으며, 자체의 취약점을 가질 수 있다. 공격자들은 AI 시스템을 혼란시키기 위해 적대적 AI 기술을 사용할 수 있으며, 이에 대응하기 위한 지속적인 연구와 개발이 필요하다. 따라서 AI를 보안에 통합할 때는 철저한 위험 평가와 적절한 관리 정책이 수반되어야 한다.

AI 기반의 보안 대응 시스템 구축은 사이버 보안 환경을 지속적으로 강화하고, 발전시키기 위한 핵심 전략 중 하나로 자리 잡고 있다.

PART 17

AI와 스포츠, 엔터테인먼트 활용

17-1 AI와 스포츠

AI의 통합은 스포츠 산업에도 혁신적인 변화를 가져오고 있다. AI 기술이 스포츠 훈련, 경기 분석, 선수 선발, 팬 경험 향상 등 다양한 영역에서 활용되고 있다.

훈련과 성능 분석

AI는 선수들의 훈련 데이터를 분석하여 개인별 맞춤형 훈련 프로그램을 개발하는데 사용된다. 비디오 분석을 통해 기술을 개선하고 부상 위험을 감소시키는 인사이트를 제공한다.

1부

2부

경기 전략

AI 모델은 대량의 게임 데이터를 분석하여 상대 팀의 약점을 파악하고 최적의 경기 전략을 수립하는 데 도움을 준다.

선수 스카우팅

데이터 기반의 AI 시스템은 선수의 성능 데이터를 분석하여 팀에 가장 적합한 선수를 선발하는 데 활용된다.

팬 경험

AI는 개인화된 팬 경험을 제공하여, 팬들이 자신의 관심사에 맞춰 콘텐츠를 추천받을 수 있게 한다. 또한 가상 현실과 결합하여 팬들에게 현장에 있는 듯한 몰입감 있는 경험을 제공한다.

스포츠 행정

스포츠 이벤트의 계획, 로지스틱, 경기 운영 등 복잡한 행정 과정에서 AI는 자동화와 효율성 향상을 도모한다.

AI의 이러한 활용은 스포츠 산업 전반에 긍정적인 영향을 미치고 있으며, 이는 향후 더욱 진화할 전망이다. AI 기술의 발전은 스포츠의 모든 면을 혁신하며, 선수와 팀의 성능 향상, 팬들의 경험 강화, 운영의 효율성 증대 등에 기여하고 있다.

17-2 경기 분석과 선수 훈련에 AI 활용

최근 인공지능(AI) 기술이 스포츠 분야에 혁신을 가져오고 있다. 경기 분석과 선수 훈련 분야에서 AI의 도입은 경기력 향상, 전략 수립, 선수 개인의 기술 발전에 크게 기여하고 있다.

AI가 어떻게 스포츠 훈련과 경기 분석을 변화시키고 있는지, 그리고 이 기술이 향후 스포츠 산업에 어떤 영향을 미칠지 탐구하고자 한다.

경기 분석에서의 AI 활용

비디오 분석

AI는 경기 동안 수집된 비디오 데이터를 분석하여 선수들의 움직임, 게임 패턴, 대결 상황을 자동으로 평가한다. 예를 들어, 축구에서는 선수들의 위치, 볼 점유율, 패스 성공률 등을 실시간으로 분석하여 코치와 선수들에게 피드백을 제공한다.

통계적 모델링

AI는 경기 데이터를 통계 모델에 입력하여 미래의 경기 결과나 선수 성능을 예측할 수 있다. 이러한 예측은 팀의 전략 수립에 중요한 기여를 하며, 상대 팀의 약점을 찾아내는 데 사용된다.

선수 훈련에서의 AI 활용

개인화된 훈련 프로그램

AI 기술을 활용하면 선수의 체력, 기술 수준, 회복 상태를 고려하여 맞춤형 훈련 프로그램을 제작할 수 있다. 이는 선수가 최상의 컨디션을 유지하고, 부상 위험을 최소화하며, 경기력을 극대화하는 데 도움을 준다.

성능 모니터링

센서와 웨어러블 기기를 통해 수집된 데이터는 AI에 의해 분석되어 선수의 성능을 지속적으로 모니터링하고, 필요한 조정을 실시간으로 제공한다. 이를 통해 코칭 스태프는 훈련의 강도를 조절하고, 선수의 건강을 관리할 수 있다.

미래 전망

통합 데이터 플랫폼

스포츠 분야에서 AI의 발전은 데이터의 통합과 분석 방법의 고도화를 촉진할 것이다. 이는 다양한 데이터 소스에서 수집된 정보를 종합적으로 분석하고, 보다 정확한 전략 수립과 선수 관리에 기여할 수 있다.

AI 코칭 도구의 발전

AI 기반 코칭 도구와 시뮬레이션 소프트웨어의 발전은 코치와 선수들이 가상 환경에서 다양한 시나리오를 실험하고, 실제 경기에서의 성능을 예측하는 데 도움을 줄 것이다.

17-3 팬 경험 개선을 위한 AI 기술

팬들의 과거의 관심사와 행동을 분석하여 개인에 맞는 콘텐츠, 경기 일정, 머천다이징 상품 등을 추천한다. 이는 팬 각자에게 맞춤형 경험을 제공하여 만족도를 높이는 데 기여한다.

가상 및 증강 현실 경험

가상현실(VR) 또는 증강현실(AR) 기술을 이용하여 팬들이 경기를 보는 새로운 방식을 제공한다. 예를 들어, VR을 통해 팬들이 실제 경기장에 있는 것처럼 느낄 수 있게 하거나, AR로 플레이어의 통계와 추가 정보를 실시간으로 보여주는 경험을 제공할 수 있다.

소셜 미디어 및 커뮤니케이션

소셜 미디어 자동화

AI는 소셜 미디어 플랫폼에서 팬들과의 상호작용을 자동화하고 최적화한다. 이를 통해 팬들이 좋아하는 팀이나 선수들과의 연결감을 더욱 강화할 수 있다.

감정 분석

AI는 소셜 미디어상의 팬들의 반응과 감정을 분석하여, 팀이나 리그가 팬들의 반응을 보다 잘 이해하고 적절한 마케팅 전략을 수립하는 데 도움을 준다.

경기장 내 경험 향상

스마트 스타디움

AI 기술을 통해 경기장 내의 로지스틱 문제를 해결하고, 팬들에게 더 나은 방문 경험을 제공한다. 예를 들어, 최적의 음식 주문 경로, 좌석 업그레이드 옵션, 최소 대기 시간으로 이동할 수 있는 라우팅 정보 등을 제공한다.

안면 인식 기술

안면 인식을 통해 팬들의 입장 과정을 간소화하고, 개인화된 서비스를 제공한다. 이 기술은 또한 보안을 강화하는 데에도 사용될 수 있다.

AI 기술은 팬 경험을 혁신적으로 향상시키는 중요한 수단이 되고 있다. 실시간 분석, 개인화된 추천, 가상현실 등을 통해 팬들은 이전에는 경험할 수 없었던 새로운 방식으로 자신이 좋아하는 스포츠에 참여할 수 있게 되었다. 앞으로 이러한 기술이 더욱 발전함에 따라, 팬들은 더욱 매력적이고 개인화된 경험을 즐길 수 있을 것이다. 이는 스포츠 산업에 있어서 경쟁력을 강화하고, 팬들의 충성도를 높이는 핵심 요소가 될 것이다.

17-4 AI와 엔터테인먼트

엔터테인먼트 산업은 창의성과 혁신이 핵심적인 역할을 하는 분야로, 최근 인공지능(AI) 기술의 발전이 이 산업에 새로운 가능성을 제시하고 있다. AI는 영화 제작에서 음악 작곡, 게임 개발에 이르기까지 다양한 방식으로 엔터테인먼트 분야에 통합되고 있다. 이 글에서는 AI가 엔터테인먼트 산업에서 어떻게 활용되고 있는지, 그리고 이 기술이 향후 산업에 어떤 변화를 가져올 수 있는지를 살펴보겠다.

영화 및 비디오 제작

시나리오 작성 및 편집

AI는 데이터와 알고리즘을 활용하여 시나리오 작성을 지원하고, 편집 과정에서의 선택을 최적화할 수 있다. 예를 들어, AI가 대본의 언어를 분석하여 대화의 자연스러움을 향상시키거나 시청자 반응을 예측하여 편집 결정을 돕는다.

비주얼 이펙트(VFX)

AI는 비주얼 이펙트의 품질을 향상시키고, 제작 시간을 단축하는 데 사용된다. 예를 들어, 얼굴 인식과 모션 캡처 기술을 통해 더욱 사실적인 캐릭터 애니메이션을 생성할 수 있다.

음악 산업

음악 작곡 및 제작

AI 기반 도구는 다양한 음악 장르와 스타일을 학습하여 새로운 음악을 작곡할 수 있다. 이는 음악가들이 창의적인 아이디어를 실현하고 실험적인 사운드를 탐구하는 데 도움을 준다.

개인화된 음악 추천

스트리밍 서비스에서 AI는 사용자의 청취 기록과 선호도를 분석하여 개인화된 플레이리스트를 제공한다. 이로 인해 사용자 경험은 더욱 풍부해지고, 음악가들의 새로운 작품이 더 넓은 청중에게 도달할 수 있게 된다.

게임 개발

게임 디자인과 플레이어 경험

AI는 게임 내에서 플레이어의 행동을 분석하여 게임 경험을 개인화하고, 난이도를 조정한다. 또한, 비플레이어 캐릭터(NPC)의 행동을 더욱 현실적으로 만들어 플레이어의 몰입감을 높인다.

프로시저럴 콘텐츠 생성

AI를 사용하여 게임 세계를 자동으로 생성하고, 독특하고 예측 불가능한 게임 환경을 제공할 수 있다. 이는 게임의 재생 가능성을 높이고, 개발 비용을 절감하는 데 기여한다.

가상현실과 증강현실

현실적인 가상 환경

AI는 가상현실(VR)과 증강현실(AR) 경험을 보다 현실적으로 만드는 데 사용된다. 예를 들어, AI는 사용자의 움직임과 상호작용을 실시간으로 분석하여 가상 세계 내에서 자연스러운 반응을 생성할 수 있다. 이로 인해 사용자는 가상 환경을 더욱 생생하게 경험할 수 있다.

인터랙티브 스토리텔링

AI를 사용하여 사용자의 선택과 행동에 따라 달라지는 스토리라인을 개발할 수 있다. 이는 VR 및 AR 애플리케이션에서 특히 강력하며, 각 사용자에게 개인화된 이야기 경험을 제공한다.

사용자 참여와 분석

감정 인식 기술

AI를 활용한 감정 인식 기술은 사용자의 반응을 분석하여 콘텐츠 제작자가 보다 감정적으로 공감할 수 있는 콘텐츠를 만드는 데 도움을 준다. 이는 특히 영화나 광고 분야에서 사용자의 반응을 미세하게 조정하고 최적화하는 데 유용하다.

행동 분석

AI는 사용자의 행동 패턴을 학습하여 콘텐츠에 대한 관심사나 소비 습관을 예측한다. 이 정보를 바탕으로 콘텐츠 제공자는 더 효과적인 마케팅 전략을 수립하고, 타깃 오디언스에게 맞춤형 콘텐츠를 제공할 수 있다.

AI 기술의 발전은 엔터테인먼트 산업 전반에 걸쳐 혁신적인 변화를 가져오고 있다. 영화, 음악, 게임 개발, 그리고 가상 및 증강현실 분야에서의 AI 활용은 창의적인 콘텐츠 생성, 개인화된 사용자 경험, 그리고 더 높은 참여도를 가능하게 한다.

향후 이러한 기술이 더욱 발전함에 따라, 엔터테인먼트 산업은 사용자와의 상호작용을 더욱 깊이 있고 의미 있는 방식으로 확장할 것이다. AI는 이 산업의 미래를 모양짓는 데 결정적인 역할을 하며, 그 가능성은 계속해서 확장될 것이다.

PART 18

AI 법률 서비스와 AI 미래

18-1 법률 서비스에서의 AI 응용

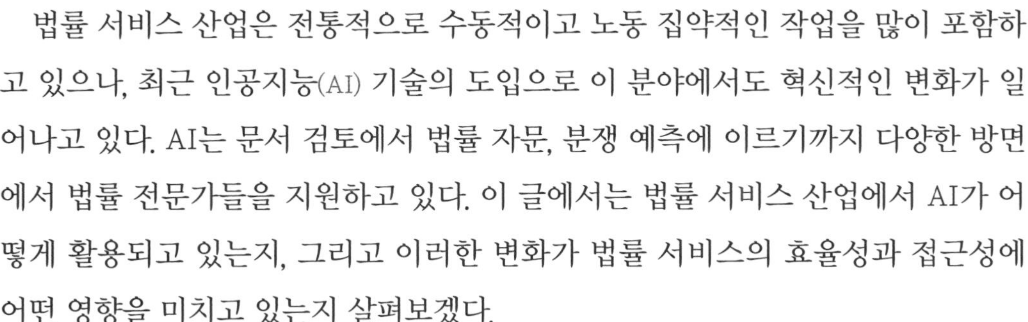

법률 서비스 산업은 전통적으로 수동적이고 노동 집약적인 작업을 많이 포함하고 있으나, 최근 인공지능(AI) 기술의 도입으로 이 분야에서도 혁신적인 변화가 일어나고 있다. AI는 문서 검토에서 법률 자문, 분쟁 예측에 이르기까지 다양한 방면에서 법률 전문가들을 지원하고 있다. 이 글에서는 법률 서비스 산업에서 AI가 어떻게 활용되고 있는지, 그리고 이러한 변화가 법률 서비스의 효율성과 접근성에 어떤 영향을 미치고 있는지 살펴보겠다.

문서 자동화 및 검토

계약 검토

AI 기반 시스템은 대량의 계약 문서를 빠르고 정확하게 검토하여 법적 리스크를 식별하고, 중요 조항을 추출하는 데 사용된다. 이는 전통적인 수동 검토 방식에 비해 시간과 비용을 대폭 절감할 수 있다.

문서 자동 생성

AI는 법적 요구 사항을 충족하는 다양한 법률 문서를 자동으로 생성할 수 있다. 사용자는 특정 정보를 입력하기만 하면 AI가 이를 기반으로 필요한 문서를 만들어 낸다.

법률 자문 및 지원

법률 챗봇

AI 챗봇은 간단한 법률 질문에 실시간으로 답변을 제공하며, 사용자가 필요한 정보를 쉽고 빠르게 찾을 수 있도록 돕는다. 이러한 챗봇은 더 복잡한 법률 서비스가 필요한 경우 사용자를 법률 전문가에게 연결하는 역할도 한다.

법률 상담 플랫폼

온라인 플랫폼을 통해 사용자는 AI를 활용하여 초기 법률 상담을 받거나 적합한 법률 전문가와 연결될 수 있다. 이러한 플랫폼은 법률 서비스의 접근성을 향상시키고, 서비스 비용을 낮추는 데 기여한다.

분쟁 해결 및 예측

예측 분석

AI는 과거의 법률 사례와 결정을 분석하여 유사한 사례의 가능한 결과를 예측한다. 이 정보는 변호사가 소송 전략을 수립하거나, 소송을 피하기 위한 조정을 제안하는 데 사용된다.

온라인 분쟁 해결

AI를 통합한 온라인 분쟁 해결 플랫폼은 갈등을 효율적으로 해결하기 위해 중재자 없이도 양측이 합의에 도달할 수 있도록 지원한다. 이러한 시스템은 법적 분쟁을 더 빠르고 저렴하게 해결할 수 있는 대안을 제공한다.

인공지능의 도입은 법률 서비스 산업에 혁신적인 변화를 가져오고 있다. AI는 문서 검토, 법률 자문 제공, 분쟁 해결과 같은 다양한 과정에서 법률 전문가들의 업무를 강화하고 효율성을 증대시키고 있다. 이로 인해 법률 서비스의 비용이 절감되고 접근성이 향상되어, 법률 서비스가 보다 많은 사람들에게 도달할 수 있는 기회를 제공하고 있다.

미래 전망

AI와 인간 변호사의 협업

향후 AI는 법률 전문가와의 협업을 통해 더욱 발전할 것이다. AI가 처리하기 어려운 복잡한 법률 이슈는 인간 변호사의 전문성과 결합될 때, 더욱 정확하고 신뢰성 있는 법률 서비스를 제공할 수 있다.

윤리적 고려사항

AI의 활용이 확대됨에 따라, 이에 대한 윤리적 고려와 법적 규제 또한 중요한 이슈로 부상할 것이다. 데이터 보호, 프라이버시, AI 결정의 투명성 등이 주요 고려사항이 될 것이다.

AI 기술이 법률 서비스를 어떻게 변화시킬지는 계속해서 관찰해야 할 중요한 주제이다. 이 기술이 제공하는 가능성은 매우 크지만, 그에 따른 도전과제 또한 극복해야 할 과제로 남아 있다. 법률 업계는 이러한 변화를 수용하면서도, 제공하는 서비스의 질을 유지하고 개선하기 위해 지속적으로 노력해야 할 것이다.

18-2 윤리적 법적 과제의 AI

이미지 분석

개인 정보를 보호하기 위해 얼굴이 흐리게 표시될 수 있다. 인공지능 (AI) 기술은 현대 사회에서 중요한 역할을 하고 있으며, 이에 따라 윤리적이고 법적인 측면에서도 주목받고 있다. 아래는 인공지능과 관련된 윤리와 법적 책임에 대한 몇 가지 주요 포인트이다.

인권보장

인공지능의 개발과 활용은 모든 인간에게 동등하게 부여된 권리를 존중해야 한다. 인공지능은 인간의 권리와 자유를 침해해서는 안 된다.

프라이버시 보호

인공지능을 개발하고 활용하는 과정에서 개인의 프라이버시를 보호해야 한다. 개인정보의 오용을 최소화하도록 노력해야 한다.

1부

2부

다양성 존중

인공지능은 사용자의 다양성과 대표성을 반영해야 한다. 상용화된 인공지능은 모든 사람에게 공정하게 적용되어야 한다.

침해금지

인공지능을 인간에게 직간접적인 해를 입히는 목적으로 활용해서는 안 된다. 위험과 부정적 결과에 대응 방안을 마련해야 한다.

공공성

인공지능은 사회적 공공성 증진과 인류의 공동 이익을 위해 활용되어야 한다. 긍정적 사회 변화를 이끄는 방향으로 활용되어야 한다.

데이터 관리

데이터 수집과 활용의 전 과정에서 데이터 품질과 위험을 관리해야 한다. 목적 외 용도로 데이터를 활용하지 않아야 한다.

책임성

인공지능 개발과 활용 과정에서 책임 주체를 설정하여 발생할 수 있는 피해를 최소화해야 한다.

안전성

인공지능 개발과 활용 전 과정에 걸쳐 잠재적 위험을 방지하고 안전을 보장할 수 있도록 노력해야 한다.

투명성

인공지능 활용 상황에 적합한 수준의 투명성과 설명 가능성을 높이는 노력을 기울여야 한다.

이러한 윤리적, 법적 측면을 고려하여 인공지능을 개발하고 활용하는 것이 중요하다. 또한 정부와 기관은 인공지능과 관련된 법적 책임을 규정하고 시행하는 역할을 담당하며, 윤리적 책임과 공익을 고려한 법적 기반을 마련해야 한다.

18-3 AI의 미래 전망

이미지 분석

개인 정보를 보호하기 위해 얼굴이 흐리게 표시될 수 있다. 인공지능(AI)의 미래는 매우 밝다. 현재 AI 기술은 더욱 발전하고 있으며, 다양한 산업 분야에 적용될 것으로 예상된다.

차세대 생성형 AI (제너레이티브 AI)

제너레이티브 AI는 방대한 데이터 세트로 학습된 대규모 AI 모델이 다양한 콘텐츠를 생성할 수 있게 한 기술이다. 이러한 모델은 이메일, 요약, 예술, 음성, 동영상 등 다양한 분야에서 활용된다. 예술과 게임 분야에서도 창의적인 혁명을 일으키고 있다.

사이버 보안에서의 AI

사이버 공격으로 인한 재정적 피해가 증가하고 있으며, 사이버 보안에서 AI의 역할은 더욱 커질 것으로 예상된다. 인공지능 기반의 실시간 이상 징후 탐지, 지능형 인증, 자동화된 사고 대응이 중요한 역할을 할 것이다.

인공 일반 지능 (AGI)을 향한 진전

인간의 능력을 필적하는 수준의 다재다능한 AI를 목표로 하는 AGI에 대한 탐구는 여전히 최전선에 있다. 최소한의 사례에서 영감을 얻어 다양한 업무에 걸쳐 빠르게 기술을 습득하는 것이 핵심이다.

인공지능 규제

AI의 발전과 함께 딥페이크 콘텐츠, 악성 콘텐츠 생성, 개인정보 침해 등 잠재적인 오용에 대한 우려가 커지고 있다. 앞으로는 규제를 통해 AI가 책임감 있고 윤리적으로 사용될 수 있도록 하는 균형점을 찾아야 한다. 이러한 AI의 미래는 다양한 분야에서 혁신적인 변화를 가져올 것으로 기대된다.

PART 19

인공지능 새로운 시대를 향하여

19-1 기술의 미래와 인류의 역할

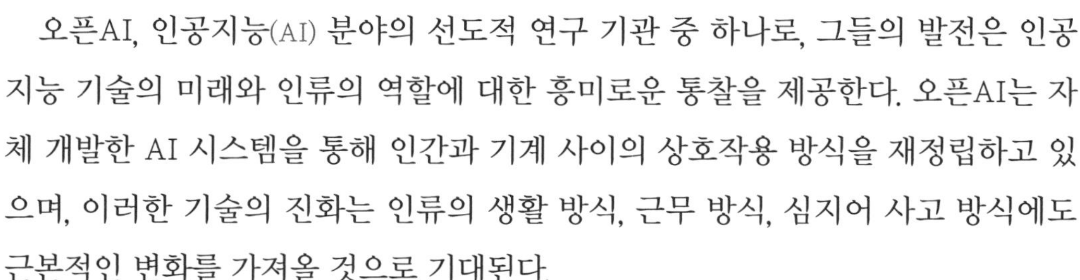

오픈AI, 인공지능(AI) 분야의 선도적 연구 기관 중 하나로, 그들의 발전은 인공지능 기술의 미래와 인류의 역할에 대한 흥미로운 통찰을 제공한다. 오픈AI는 자체 개발한 AI 시스템을 통해 인간과 기계 사이의 상호작용 방식을 재정립하고 있으며, 이러한 기술의 진화는 인류의 생활 방식, 근무 방식, 심지어 사고 방식에도 근본적인 변화를 가져올 것으로 기대된다.

오픈AI와 같은 인공지능의 급속한 발전은 미래의 기술 환경과 인류의 역할을 재조명하게 만들었다. 샘 알트만과 그의 팀은 인공지능이 인간의 능력을 확장하고, 일상생활에서부터 전문적인 분야에 이르기까지 다양한 방면에서 혁신을 가져올 것이라고 보고 있다.

오픈AI가 개발한 GPT와 DALL-E 같은 모델들은 창의적인 작업에서 인간과 협력할 수 있는 잠재력을 보여주고 있으며, 이는 예술, 문학, 프로그래밍 등 여러 분야에 영향을 미칠 것이다. 샘 알트만은 이러한 AI의 진보가 단순한 작업 자동화를 넘어서 인간의 창의성과 의사결정을 보조하고 향상시킬 수 있다고 믿고 있다.

인류의 역할은 이러한 변화에 적응하고, AI 기술을 윤리적이고 책임감 있게 사용하며, AI가 가져올 혜택을 최대한 활용하는 방향으로 진화할 것이다. 이는 교육의 중요성을 높이며, 특히 AI 및 기술에 대한 이해를 바탕으로 새로운 직업군을 개발하고, 현재 직업에 필요한 기술을 재교육하는 데 주력해야 함을 시사한다.

샘 알트만은 이러한 기술적 변화가 인류에게 새로운 기회를 제공하고, 우리가 사는 세상을 긍정적으로 변화시킬 수 있다고 확신한다. 하지만 이를 위해서는 인간의 지속적인 개입, 감독, 그리고 기술에 대한 이해가 필요하다.

AI 기술의 미래는 결국 인간이 어떻게 그 기술을 통제하고 사용하느냐에 달려 있으며, 샘 알트만과 오픈AI는 이러한 미래에 대해 긍정적이고 책임감 있는 전망을 제시하고 있다.

오픈AI의 발전은 인공지능 기술이 인간의 학습, 추론, 지각 능력을 담당하며 혁신의 중심에 서게 되었다는 것을 보여준다. AI 기술의 광범위한 확산은 사회의 여러 분야에 걸쳐 급속도로 변화를 가져오고 있으며, 빅데이터 분석과 처리, 의료 진단, 자율주행 차량, 음성 인식 등에서 AI의 역할이 강조되고 있다.

미래 사회에서 인공지능 기술은 학습, 추론, 지각 등의 인간 능력을 기술로 담당하게 될 것이며, 이는 기존에 인간이 수행하던 일을 대체하거나 보조하는 역할을 할 것이다. 그러나 이러한 기술 발전이 인간의 일자리를 위협할 것인가, 아니면 인간을 보조하고 새로운 가치를 창출하는 도구로 사용될 것인가는 우리의 선택에 달려 있다.

오픈AI와 같은 조직에서 인간의 역할은 AI 기술을 윤리적으로 사용하고, 책임감 있게 관리하며, 사회적, 경제적 변화를 이끌어가는 것이다. 인공지능의 발전이 가져올 미래 사회 변화를 민주적으로 통제하고, 과학기술의 사회경제적 책임을 적극적으로 이행하는 것이 중요하다.

결국, 인공지능 기술의 미래는 인간이 어떻게 이를 적용하고 통제하느냐에 달려 있다. 우리는 AI를 통해 더 많은 기회를 창출하고 인류의 삶을 향상시킬 수 있지만, 이를 위해서는 기술에 대한 깊은 이해와 더불어 인간의 지속적인 교육과 발전이 필요하다.

2부

챗GPT 전문가처럼 활용하기

PART 20

챗GPT 활용 각종 유틸리티

챗GPT란?

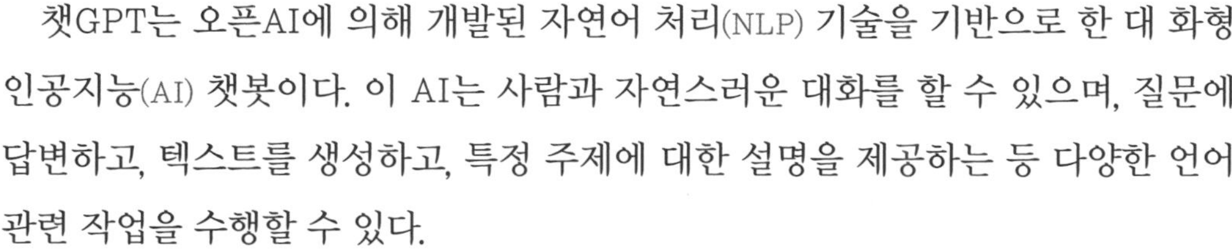

챗GPT는 오픈AI에 의해 개발된 자연어 처리(NLP) 기술을 기반으로 한 대 화형 인공지능(AI) 챗봇이다. 이 AI는 사람과 자연스러운 대화를 할 수 있으며, 질문에 답변하고, 텍스트를 생성하고, 특정 주제에 대한 설명을 제공하는 등 다양한 언어 관련 작업을 수행할 수 있다.

또한, GPT(Generative Pre-trained Transformer) 모델을 기반으로 한 대규모 언어 모델(LLM)로 대규모 데이터 세트에서 학습되어 복잡한 언어 패턴을 이해하고, 그에 따라 응답할 수 있도록 설계되었다.

생성형 인공지능

생성형 인공지능(Generative AI)은 데이터를 바탕으로 새로운 콘텐츠를 생성할 수 있는 인공지능 기술을 말한다. 이 기술은 텍스트, 이미지, 음악, 심지어 코드와 같은 다양한 형태의 콘텐츠를 만들 수 있다. 생성형 인공지능의 핵심은 기존에 존재하는 데이터를 학습하여 그와 유사하지만 새로운 콘텐츠를 창조해 내는 능력에 있다.

기존에 사용되던 판별형 인공지능과 생성형 인공지능은 어떤 차이가 있을까?

판별형 인공지능

판별형 인공지능(Discriminative AI)은 기존 데이터를 바탕으로 분류나 예측을 수행한다. 즉 입력된 데이터가 어떤 카테고리에 속하는지 판별하거나 미래의 결과를 예측하는 것이 주요 목적이다. 예를 들어, 이메일이 스팸인지 아닌지 판별하거나, 의료 이미지 분석을 통해 질병을 진단하거나, 날씨를 예측하는 것이 있다. 이러한 인공지능은 주어진 입력에 대해 특정 레이블을 할당하거나 값을 예측하는 것에 초점을 맞춘다. 시리(Siri), 빅스비(Bixby)와 같은 음성 인식 비서 서비스도 판별형 인공지능의 한 예이다. 이러한 서비스는 사용자의 음성 명령을 인식하고 이해하여 적절한 작업을 수행한다.

생성형 인공지능(Generative AI)은 학습된 데이터를 바탕으로 새로운 데이터를 생성한다. 이는 기존에 존재하지 않는 콘텐츠를 만들어 내는 능력을 의미한다. 예를 들어, 새로운 이미지나 음악을 만들어 내거나, 소설이나 기사 등 텍스트를 생성하고, 가상 환경을 생성하기도 하다. 사용자와의 상호작용을 통해 자연어를 처리하는 챗GPT나 이미지를 생성하는 미드저니(Midjourney)는 대표적인 생성형 인공지능의 예이다.

판별형과 생성형의 주요 차이점

결론적으로, 생성형 인공지능과 일반 인공지능의 가장 큰 차이는 '생성'과 '분석'이라는 그들의 근본적인 작업 방식에 있다.

작업의 성격

판별형 AI는 주어진 데이터를 분석하여 분류하거나 예측하는 반면, 생성형 AI는 새로운 데이터를 생성하는 작업에 초점을 맞춘다

활용 분야

생성형 AI는 창의적인 콘텐츠 제작이나 신규 데이터 생성에 유용하고, 판별형 AI는 데이터 분석, 분류, 예측 등의 분야에서 활용된다.

기술적 접근

생성형 AI는 생성적 적대 신경망(GANs) 같은 특정 알고리즘을 활용하여 새로운 데이터를 '생성'하는 기술적 접근을 사용하는 반면, 판별형 AI는 주어진 데이터를 '분석'하는 데 초점을 맞춘다.

챗GPT 가입 과정

챗GPT 웹사이트방문: 검색 포털에서 챗GPT를 검색하여 웹사이트 (https://chat.openai.com/)에 연결한다.

계정 생성: 사용자는 웹사이트에서 '가입하기' 버튼을 클릭하여 계정 생성 과정을 시작한다. 계정은 기존에 사용하던 이메일 주소를 통해 생성할 수 있으며, 구글(Google), 마이크로소프트(Microsoft), 애플(Apple)의 계정과 연동하여 생성할 수도 있다.

이메일 인증: 계정 생성에 사용된 이메일 주소로 이메일 인증 과정을 진행한다.

로그인: 생성된 계정으로 로그인한다.

챗GPT 사용 시작

중앙 하단 입력창

사용하고자 하는 프롬프트를 입력하여 대화를 시작한다.

중앙 상단 모델 선택

중앙 상단에는 현재 대화를 시작할 모델 명이 표시된다. 챗GPT 내에서 사용할 수 있는 모델은 GPT-3.5와 GPT-4로, 회원 가입 후 무료로 GPT-4 모델을 이용할 수 있다.

왼쪽 사이드 바

채팅을 시작하면 새로운 채팅방이 개설된다. 해당 대화는 삭제되지 않는 한 저장되며, 새로운 내용으로 대화를 시작할 때 왼쪽 상단의 '새 채팅'을 눌러 새 채팅을 시작할 수 있다. 가장 하단의 프로필을 선택하면 챗GPT 내 기능을 세부적으로 설정할 수 있다. 처음 질문이 어렵다면 프롬프트 입력창 부분에 추천 질문을 활용할 수 있다. 해당 질문을 클릭하면 챗GPT와의 대화를 시작할 수 있다. 생성형 인공지능을 실용적으로 이해하고 사용하기 위해서는 생성형 인공지능으로 탄생한 다양한 용어와 개념을 이해할 필요가 있다.

프롬프트(Prompt)

생성형 인공지능 모델에게 입력으로 제공되는 텍스트나 지시어이다. 이 프롬프트는 모델이 어떤 종류의 출력을 생성해야 하는지를 결정하는 데 도움을 준다. 예를 들어, 텍스트 생성 모델에 '이순신 장군 시리즈의 다음 이야기를 작성해 줘.'라는 프롬프트를 주면, 모델은 이에 기반한 새로운 이야기를 생성하려고 시도한다.

1부

2부

입력

결과 형식 입력값과 결과값으로 텍스트, 이미지, 비디오, 음성(Speech) 등이 사용될 수 있다.

텍스트 투 이미지(Text to Image)

자연어 설명을 바탕으로 해당 설명과 일치하는 이미지를 생성한다. 사용자가 '해 질 무렵의 조용한 저녁 바다'라는 텍스트 프롬프트를 입력하면 인공지능은 이를 기반으로 실제와 유사한 이미지를 생성한다.

이미지 투 비디오(Image to Video)

이미지로부터 비디오를 생성한다.

텍스트 투 스피치(Text-to-Speech)

텍스트를 음성으로 변환하는 형태를 의미한다.

프롬프트 엔지니어링(Prompt Engineering) 생성형 인공지능, 특히 자연어 처리 모델과 같은 AI 모델에 특정한 프롬프트를 제공하여 원하는 출력을 유도하는 기술과 방법론을 의미한다. 이 과정에서 프롬프트는 모델이 수행할 작업을 정의하고, 모델이 어떤 방식으로 응답해야 하는지를 가이드하는 역할을 한다. 프롬프트 엔지니어링은 모델을 재학습시키지 않고도 모델의 출력을 조절하거나 최적화할 수 있는 효율적인 방법이다. 프롬프트 엔지니어링은 제로샷(Zeroshot), 퓨샷(Fewshot), 원샷(One-shot)등 을 사용하는데, 이는 모델이 새로운 작업을 수행하기 위해 필요한 예시의 양을 나타난다. 제로샷 학습은 예시 없이 작업을 수행할 수 있음을 나타내고, 퓨샷 학습은 몇 개의 예시로 학습할 수 있음을, 메니샷 학습은 많은 예시가 필요함을 의미 한다.

프롬프트 엔지니어 생성형 인공지능을 사용하는 과정에서 프롬프트를 의미하며 설계, 실험, 최적화하는 사람을 말한다. 프롬프트 엔지니어는 AI 모델이 원하는 대답이나 콘텐츠를 생성할 수 있도록 프롬프트를 세심하게 조정해야 한다. 이는 단순히 텍스트를 입력하는 것 이상의 작업으로, 모델의 성능을 극대화하고 특정 목적에 맞는 결과를 얻기 위해 프롬프트의 구조, 어휘 선택, 문맥 설정 등 다양한 요소를 고려해야 한다.

인공지능 모델 인공지능 모델은 실제 세계의 복잡한 문제를 해결하기 위해 컴퓨터 내에서 구현된 수학적이고 알고리즘적인 모형이라고 볼 수 있다. 이 모델은 대량의 데이터를 학습하여, 사람의 언어 이해, 이미지 인식, 음성 인식 등과 같은 인간의 인지 기능을 모방한다. 예를 들어, 챗GPT 내에서 사용되는 GPT-3.5 모델은 특히 언어를 처리하는 인공지능 모델이다. 이들은 인터넷에서 수집한 방대한 양의 텍스트 데이터를 학습하여, 언어의 구조와 패턴, 문맥 등을 이해하는 방법을 배운다. 이렇게 학습을 마친 후, 이 모델들은 사용자의 질문이나 명령에 대해 상당히 자연스러운 언어로 응답을 생성할 수 있게 된다. GPT-3.5와 GPT-4, GPT-4o, GPT-o1 같은 숫자는 모델의 버전을 나타내며, 숫자가 높을수록 모델이 더 많은 데이터를 학습했거나 더 진보된 기술을 사용해 더 정교한 언어 이해와 생성 능력을 가지고 있다는 것을 의미한다. 이러한 모델은 챗봇, 자동 글쓰기, 번역 등 다양한 언어 관련 작업에 사용된다.

채팅 기능 추천 대화 중 '여행 계획하기-캐나다에서 오로라 보기'를 클릭하여 대화를 시작해 보겠다. 챗GPT가 응답을 시작하여 왼쪽 사이드바에 새 채팅방이 개설된다. 이렇게 생성된 채팅방 명에 점 세 개를 클릭하면 채팅방의 이름을 변경하거나 채팅방을 삭제할 수 있다. 챗GPT가 응답하면 답변 아래 아이콘 세 개가 생성된다. 이는 왼쪽부터 차례대로 복사, 재생성, 나쁜 응답을 의미한다. 복사를 누르면 챗GPT가 생성한 응답에 대해 마크다운 형식으로 복사할 수 있다. 재생성을 누르면 응답이 다시 생성되며, 원하는 형식에 크게 벗어난 응답의 경우 '나쁜 응답'을 눌러 피드백할 수 있다.

AI 이미지 생성 도구와 각종 AI 도구들

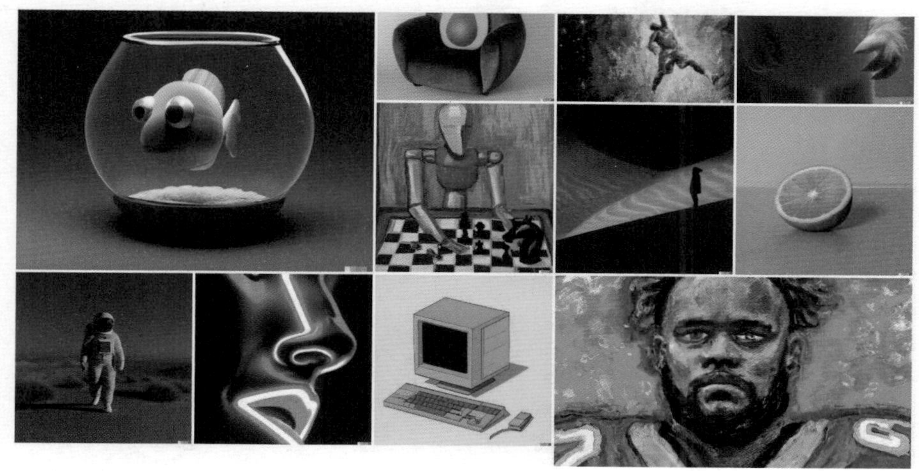

DALL-E https://labs.openai.com/

DALL-E(달리)

2021년 1월 공개한 이미지 생성 AI로 사전 학습된 모델에 텍스트(Prompt)를 이미지로 변환할 수 있는 AI 시스템이다. 특징은 텍스트-이미지(text-to-image) 생성 모델이다.

DALL-E2(달리2)

2022년 4월 공개한 이미지 생성 AI로 DALL-E보다 4배 높은 해상도로 사실적이고 정확한 이미지 생성이 가능하다.

DALL-E3(달리3)

챗GPT에 탑재되어 있어 유료 사용자만 가능하다.

https://chatgpt.com/

DALL-E3를 이용하여 4컷 광고 만화 만들기

판다 캐릭터와 30대 여성들의 활기찬 환경 보호 캠페인 모습을 재미있는 4컷 만화 광고로 만들어 줘.

https://chatgpt.com/

챗GPT 4.o에 DALL-E3 활용한 이미지 만들기

챗GPT4에서는 프롬프트 창에 클립이 생성된다. 클립을 누르고 검색창에서 원하는 이미지 작품을 가지고 온다. 이미지가 들어오면 작품에 대한 작가명, 작품명, 작품 기법, 그림특징에 대해 설명해 달라고 하면 되고, 이렇게 원하는 작품에 대한 정보를 구체적인 정보를 더 얻을 수 있다.

It looks like you've uploaded an image. How can I assist you with it?

이 작품에 대한 작가명, 작품명, 작품에 대한 기법, 특징, 작품 연도, 작품 의도 등에 대해 설명해줘

이 이미지는 표현주의와 큐비즘 양식의 영향을 받은 스타일로 그려진 초상화로 보입니다. 화려하고 대담한 색상, 단순화된 형태, 그리고 얼굴의 다양한 각도와 색상을 사용하여 인물의 얼굴을 비틀어 표현하는 것이 특징입니다. 이러한 기법은 감정과 내면의 상태를 시각화하려는 시도를 반영할 수 있습니다.

작품의 스타일은 파블로 피카소와 프란츠 마르크 같은 예술가들의 작업을 연상시키지만, 정확한 작가명과 작품명, 작품의도 등 추가적인 정보는 이미지만으로는 특정하기 어렵습니다. 이 그림이 언제 그려졌는지, 무엇을 의도하고 있는지에 대한 정보는 작가의 해석이나 전시 목록, 아트 카탈로그와 같은 추가 자료를 통해 더 자세히 알아볼 수 있습니다.

이 작품에 대해 더 구체적인 정보를 원하신다면, 이 그림이 전시된 갤러리나 박물관, 혹은 인터넷 데이터베이스에서 검색해보시는 것도 좋은 방법일 것입니다.

이 작품에 대한 작가명, 작품명, 작품에 대한 기법, 특징, 작품 연도, 작품 의도 등에 대해 설명해 줘.

Dream AI(Dream WOMBO) https://dream.ai/create

인공지능 딥러닝 그림 프로그램 WOMBO는 Dream AI, WOMBO dream, WOMBO AI라고도 불리며 현재는 350자 이내로 텍스트를 넣으면 된다. Dream by WOMBO는 Dream AI 웹페이지에서 사용할 수 있으며 구글 플레이스토어, 애플 앱스토어에서도 앱을 다운로드할 수 있다. 접속한 후, Prompt 입력창에 묘사하고자 하는 사물이나 풍경, 동물 등을 의미하는 명령어를 영어로 입력한다. ART Style은 다양한 종류가 있으며 똑같은 텍스트를 넣어도 이미지는 완전 다르게 나온다.

WOMBO는 이미지 생성과 관련된 기술을 제공하는 AI 기반 애플리케이션으로, 특히 딥러닝을 활용한 생성형 AI 서비스를 제공한다. 이 회사는 두 가지 주요 서비스로 유명하다.

유리 꽃병에 담긴 아름다운 장미꽃과 수선화가 있고, 고대비, 멋진 원근감, 아름답고 선명한 색상
There are beautiful roses and daffodils in a glass vase,high contrast, nice perspective, beautiful and vivid colors.

WOMBO Dream(웜보 드림)

WOMBO Dream은 인공지능을 사용해 사용자 입력을 바탕으로 고유한 예술 작품을 생성하는 앱이다. 사용자가 간단한 텍스트 프롬프트를 입력하면, AI는 해당 프롬프트에 따라 독창적인 이미지를 생성해 낸다. 다양한 스타일(예: 사이버펑크, 고전 예술, 애니메이션 등)을 선택할 수 있어 사용자는 자신이 원하는 스타일의 그림을 얻을 수 있다.

이 서비스는 생성형 AI가 예술 창작에 어떻게 응용될 수 있는지를 보여주는 좋은 예로, 많은 사용자들이 이 기능을 통해 자신만의 독창적인 작품을 만들고 공유하고 있다.

WOMBO AI Lip Sync(웜보 AI 립싱크)

WOMBO AI는 처음에 딥러닝을 활용한 립싱크 애플리케이션으로 유명해졌다. 사용자가 사진을 업로드하면, AI가 그 사진을 립싱크 동영상으로 변환해 주는 기능을 제공했다. 특정 노래에 맞춰 사진 속 인물이 실제로 노래하는 것처럼 보이게 만드는 재미있는 기능으로, SNS에서 큰 인기를 끌었다. 이 앱은 특히 밈(meme) 문화와 결합되면서 빠르게 확산되었고, 사용자들이 다양한 창의적인 콘텐츠를 만들 수 있게 했다.

AI 기반 생성 프로그램 WOMBO는 딥러닝 알고리즘을 사용하여 텍스트나 이미지를 기반으로 새로운 콘텐츠를 생성하는 능력이 있다. 이러한 기술은 사용자 경험을 향상시키고, 누구나 손쉽게 창작의 영역에 참여할 수 있도록 돕는다. WOMBO는 짧은 시간 내에 전 세계적으로 큰 인기를 끌며 밈 제작에 자주 사용되었고, 그 결과 SNS에서 수많은 립싱크 비디오와 AI 아트가 유행하기 시작했다. AI를 활용한 창작 도구로서 WOMBO는 예술, 밈 문화, 디지털 콘텐츠 제작 분야에서 새로운 가능성을 열었다.

WOMBO는 사용자 친화적인 AI 기술을 통해 창의적인 표현을 쉽게 하고, 특히 비전문가도 예술과 재미 요소를 결합한 새로운 형태의 콘텐츠를 만들 수 있도록 돕는 플랫폼으로 자리 잡았다.

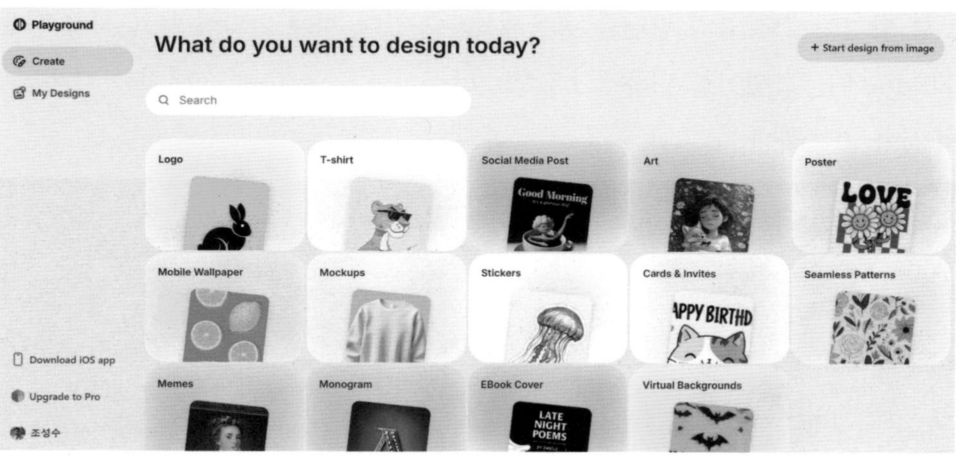

Playground AI(플레이그라운드 AI) https://playgroundai.com/

Playground AI는 인공지능 기술을 활용하여 이미지 생성 및 편집 작업을 직관적으로 수행할 수 있는 플랫폼이다. 사용자가 간단한 텍스트 입력을 통해 고품질의 이미지를 생성하거나 수정할 수 있으며, 전문적인 그래픽 디자인 지식 없이도 창의적인 작업이 가능하다. 이 플랫폼은 주로 창작자, 마케터, 교육자, 그리고 비주얼 콘텐츠 제작자가 주된 사용자층이다.

Playground AI의 주요 기능은 텍스트를 입력해 이미지를 생성하는 '텍스트-이미지 생성' 기능이다. 이 기능은 인공지능이 자연어를 이해하고, 그에 맞는 이미지를 생성해 내는 방식으로 동작한다. 예를 들어, "고요한 산속의 일출"과 같은 문장을 입력하면 해당 문장에 맞는 이미지가 생성된다. 이때 사용자는 단순한 설명뿐만 아니라 이미지의 스타일, 컬러, 분위기 등을 세부적으로 조정할 수 있다.

Playground AI는 피그마와 유사한 UI를 가지고 있으며, 마치 디자인 툴처럼 다양한 기능을 보유하고 있는 이미지 생성 AI이다. 캔버스가 하나의 화면 단위가 되어, 여러 캔버스를 생성하고 관리할 수 있다. 퀄리티와 디테일을 세세하게 조정할 수 있으며, AI 그림 생성 이전과 이후 Macro Realism, Watercolor, Pixer

Art 등 다양한 스타일의 필터를 적용해 볼 수 있다. 하루 200장 무료 사용 가능하며 Model에는 스테이블 디퓨전 1.5, Playground Chooses, 스테이블 디퓨전 XL에서 사용 가능하다.

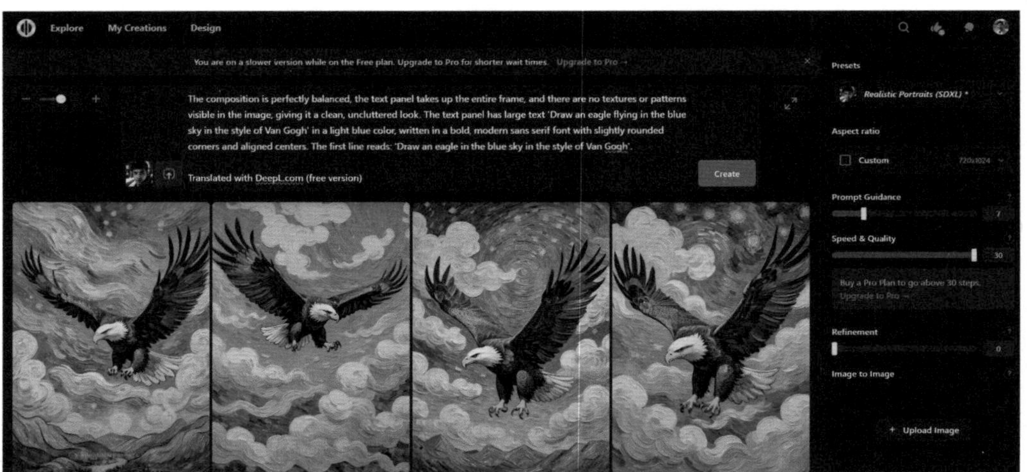

구도가 완벽하게 균형을 이루고 텍스트 패널이 전체 프레임을 차지하며 이미지에 텍스처나 패턴이 보이지 않아 깔끔하고 정돈된 모습을 유지한다. 텍스트 패널에는 모서리가 약간 둥글고 가운데가 정렬된 대담하고 현대적인 산세리프 글꼴로 쓰여진 하늘색 색상의 큰 텍스트 '고흐 스타일로 푸른 하늘에 날아가는 독수리 그리기'가 있다. 첫 번째 줄은 '고흐 스타일로 푸른 하늘에 독수리 그리기'이다.
The composition is perfectly balanced, the text panel takes up the entire frame, and there are no textures or patterns visible in the image, giving it a clean, uncluttered look. The text panel has large text 'Draw an eagle flying in the blue sky in the style of Van Gogh' in a light blue color, written in a bold, modern sans serif font with slightly rounded corners and aligned centers. The first line reads: 'Draw an eagle in the blue sky in the style of Van Gogh'.

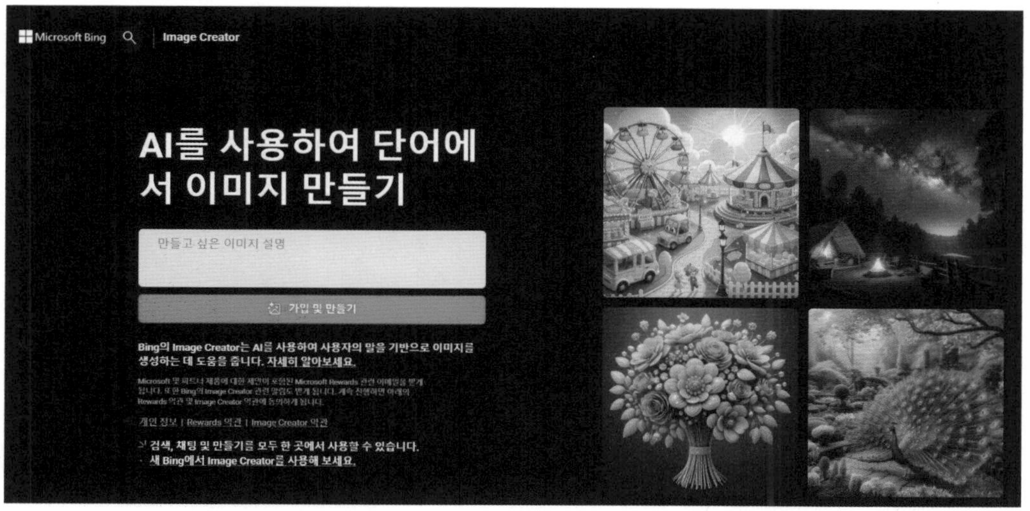

Bing Image Creator(빙 이미지 크리에이터)

https://www.bing.com/images/create

Bing Image Creator는 검색 포탈인 Bing에서 제공하는 이미지 생성 AI이다. 포털에서 제공하는 이미지 생성 AI인 만큼 프롬프트 이해 능력이 뛰어나며, 이미지의 디테일과 퀄리티가 높다. 영어 프롬프트는 물론, 한국어 프롬프트, 한국어와 영어를 섞은 프롬프트 모두 입력 가능한 것이 특징이다. 이미지에 대한 설명을 입력하고 위치나 활동과 같은 추가 콘텍스트를 입력해 준다. 다만 아직은 영어로만 텍스트 입력이 가능하고 구체적으로 텍스트를 입력할 수록 좋은 결과물의 이미지를 만들어 낼 수 있다.

Bing Image Creator는 마이크로소프트의 검색 엔진인 Bing에서 제공하는 인공지능 기반 이미지 생성 도구이다. 이 도구는 DALL-E라는 OpenAI의 이미지 생성 모델을 활용하여 사용자가 입력한 텍스트 설명을 바탕으로 이미지를 자동으로 생성하는 기능을 제공한다. 이를 통해 사용자는 자신의 창의적 아이디어나 구체적인 이미지 설명을 텍스트로 입력하면, 해당 설명에 맞는 이미지를 생성할 수 있다.

천사 같은 얼굴과 반투명한 화려한 날개를 가진 아름다운 여인이 주위에 장미꽃과 나비와 나무가 있는 햇살이 내리쬐는 초원에 서서 수채화를 그리고 있다. 극세사 판타지 복잡한 매우 매력적인 아름다운 고화질 하이퍼리얼리즘 극세사 초세사 고화질 선명한 품질의 피노 대니 드로잉.
Watercolor painting of a beautiful woman with angelic face and translucent colorful wings standing in a sunny meadow with roses and butterflies and trees around her. Microfiber fantasy intricate very charming beautiful microfiber hyperrealistic microfiber high definition crisp quality pinot danny drawing.

• 사용 방법

1. **Bing 검색 창에 접속: Bing 검색 엔진에 접속하여 Image Creator로 이동할 수 있다.**
2. **프롬프트 입력: 이미지로 만들고 싶은 설명을 텍스트로 입력한다.**
3. **이미지 생성: DALL-E 모델이 입력된 설명을 바탕으로 이미지를 생성하여 사용자에게 보여준다.**
4. **이미지 다운로드 및 사용: 생성된 이미지를 다운로드하여 사용하거나 저장할 수 있다.**

미래에서 온 인공지능 남자가 VR, 아이패드, 스마트폰을 사용하며 컴퓨터로 일하는 즐거운 모습의 일러스트, 더 자세히 설명해 주세요.
Illustrator of a happy AI man from the future, using VR, iPad, smartphone and working on a computer Please describe.

GET3D: A Generative Model of High Quality 3D Textured Shapes Learned from Images

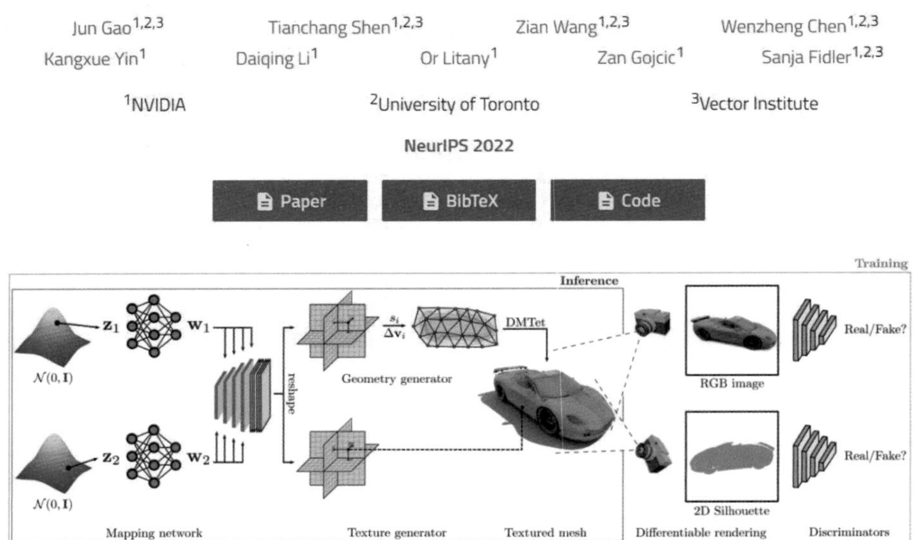

GET3D Explicit Textured 3D

https://research.nvidia.com/labs/toronto-ai/GET3D/

메타버스용 3D 이미지 생성 AI, 메타버스를 채울 건물, 차량, 캐릭터 등 다양한 객체의 3D 이미지를 생성한다. 한 개의 2D 이미지 입력으로 모든 토폴로지와 고품질 3D 폴리곤 메쉬를 합성할 수 있는 3D 생성 모델이다.

특징으로는 2단계 생성 프로세스로 구성되어있다. ① 생성자 지오메트리(geometry) 분기(토폴로지 폴리곤메쉬 생성)와 텍스처 분기(폴리곤 메쉬의 표면 지점에서 색상이나 재질을 나타내는 텍스처 필드 생성)와 ② 판별자 3D 모델의 합성 사진을 기반으로 출력 품질을 평가 및 최적화한다.

두 개의 잠재 코드를 통해 3D SDF와 텍스처 필드를 생성한다. DMTet을 활용하여 SDF에서 3D 표면 메쉬를 추출하고 표면 지점의 텍스처 필드를 쿼리하여 색상을 얻는다. 2D 이미지에 정의된 적대적 손실로 훈련하며, 특히 RGB 이미지와 실루엣을 얻기 위해 래스터화 기반 미분 렌더러를 사용한다. 각각 RGB 이미지와 실루엣에 대해 두 개의 2D 판별자를 활용하여 입력이 실제인지 가짜인지 분류한다. 전체 모델은 엔드투엔드 학습이 가능하다.

각각 RGB 이미지와 실루엣에 있는 두 개의 2D 판별기를 사용하여 입력이 진짜인지 가짜인지 분류한다. GET 3D는 임의의 위상수학, 고품질의 기하학 및 텍스처를 사용해 다양한 모양을 생성할 수 있다. 여러 산업이 거대한 3D 가상 세계를 모델링하는 방향으로 이동함에 따라 3D 콘텐츠의 양, 품질 및 다양성 측면에서 확장 가능한 콘텐츠 생성 도구에 대한 필요성이 분명해지고 있다.

Midjourney(미드저니) https://www.midjourney.com/explore?tab=top

MidJourney는 인공지능(AI)을 기반으로 한 이미지 생성 플랫폼으로, 사용자가 텍스트 설명을 입력하면 해당 설명에 맞는 이미지를 자동으로 생성하는 서비스이다. 이 서비스는 창의적인 작업을 돕기 위해 설계되었으며, 특히 예술가, 디자이너, 콘텐츠 크리에이터 등이 많이 사용한다.

MidJourney는 이미지를 생성하는 인공지능연구소에서 개발한 인공지능 프로그램이다. 2023년 3월 30일 이후 MidJourney 25회 무료 이미지 생성 서비스가 종료되고 현재는 유료 플랜 구독을 통해서만 서비스를 이용할 수 있다.

현재 Midjourney 버전6(Midjourney v6) 모델 알파 릴리스 발표(2023. 12월21일) 구글 클라우드의 AI 슈퍼클러스터에서 구글의 TPU v4를 기반으로 훈련, 수정된 신경망 구조와 새로운 미적 기법 사용되었다. 디스코드 가입 후 사용 가능하다. 유료 플랜은 월간 구독 기준 각각 $10(Basic), $30(Standard), $60(Pro), $120(Mega)이며, 연간 구독 시 매월 20% 할인된 가격이 적용된다.

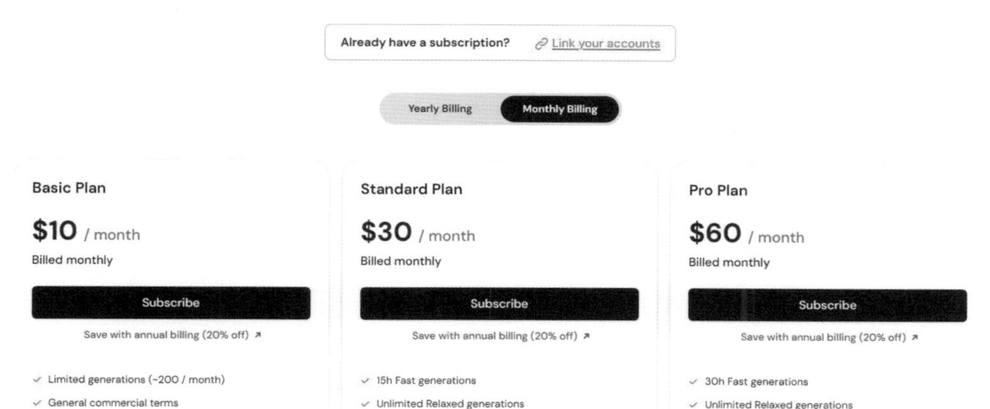

• Midjourney의 특징

텍스트 기반 이미지 생성

Midjourney는 텍스트 설명을 바탕으로 이미지를 생성한다. 사용자가 간단한 단어, 문장 또는 구체적인 설명을 입력하면 AI가 이를 해석하고 이에 맞는 이미지를 만들어 낸다.

예를 들어, "고대 도시에서 황혼이 질 때의 풍경"과 같은 설명을 입력하면, AI가 상상 속의 고대 도시와 황혼을 표현한 이미지를 생성한다.

예술적 스타일

Midjourney는 다른 AI 이미지 생성 도구와 차별화된 독창적인 예술적 스타일을 제공한다. 이 도구는 주로 예술적이면서도 독특하고 실험적인 이미지를 만들어 내는 데 강점을 가지고 있다.

예술 작품, 초현실적인 장면, 환상적인 요소가 담긴 이미지를 생성하는 데 뛰어나며, 이를 통해 사용자는 독창적인 비주얼 콘텐츠를 빠르게 얻을 수 있다.

사용 방법

Midjourney는 주로 디스코드(Discord)라는 채팅 플랫폼을 통해 서비스가 제공된다. 사용자는 Midjourney의 디스코드 서버에 접속한 후, 특정 명령어를 통해 AI에 이미지를 요청할 수 있다.

사용자는 디스코드 채팅창에 /imagine 명령어를 사용하여 원하는 이미지 설명을 입력하고, AI는 그 설명을 바탕으로 이미지를 생성한다.

다양한 활용

Midjourney는 예술 창작, 게임 디자인, 영화 콘셉트 아트, 광고 시각 자료 등 여러 분야에서 활용된다. 특히 콘셉트 아트나 스토리보드 제작에 많이 사용되며, 사용자들이 창의적인 아이디어를 시각적으로 구체화하는 데 큰 도움을 준다.

또한, 판타지 아트나 SF(Sci-Fi) 스타일의 이미지 생성에서 두각을 나타내어 이 장르의 비주얼 표현이 필요한 크리에이터들에게 인기가 높다.

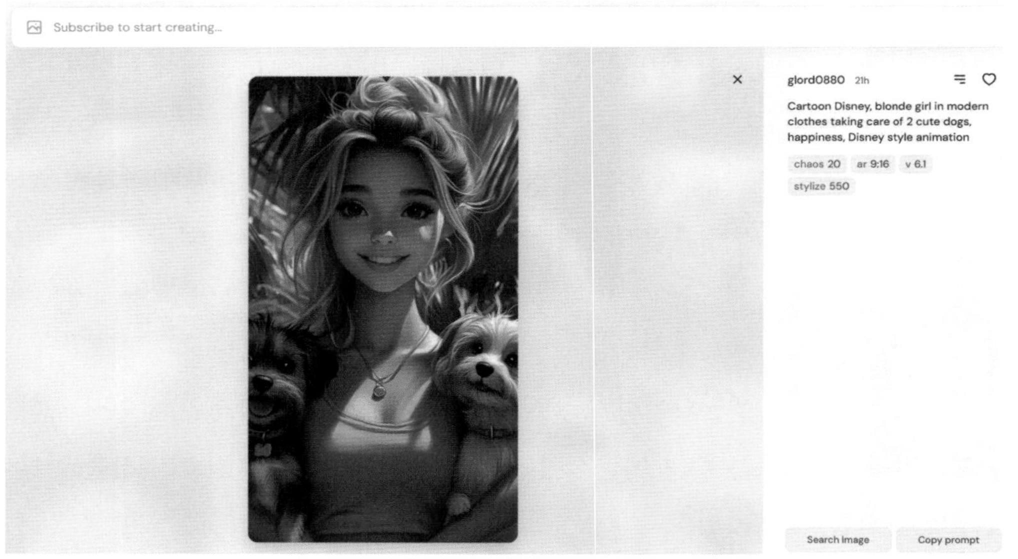

만화 디즈니, 귀여운 개 2마리를 돌보는 현대적인 옷을 입은 금발 소녀, 행복, 디즈니 스타일 애니메이션.

Cartoon Disney, blonde girl in modern clothes taking care of 2 cute dogs, happiness, Disney style animation.

Clipdrop(클립드롭) https://clipdrop.co/stable-diffusion-turbo

Clipdrop은 AI 기반의 이미지 편집 및 생성 도구로, 다양한 이미지 작업을 간단하게 처리할 수 있는 기능을 제공한다. 주요 기능으로는 이미지 배경 제거, 고해상도 업스케일링, 조명 변경(Relighting), 텍스트 인식(OCR), 그리고 Clipdrop의 AI 기반 기술은 빠른 이미지 처리 속도를 제공하며, 배경 제거나 이미지 업스케일링 같은 작업을 단순하고 빠르게 완료할 수 있도록 해준다. 이러한 기능은 사진 보정, 제품 이미지 편집, 블로그 및 프레젠테이션 자료 생성에 유용하며, 고급 편집 기능 없이도 깔끔하고 고퀄리티의 이미지를 만들 수 있다.

Clipdrop은 그래픽 디자이너, 콘텐츠 크리에이터, e-커머스 운영자, 그리고 프리랜서 등 다양한 사용자가 이용할 수 있으며, 사용자 친화적인 인터페이스 덕분에 초보자도 쉽게 고품질 이미지를 생성하고 편집할 수 있다. 특히 웹과 모바일 플랫폼 모두 지원되므로 장소에 구애받지 않고 작업을 진행할 수 있다.

Clipdrop은 기본적인 무료 사용이 가능하지만, 더 많은 기능을 사용하거나 고급 작업을 위해서는 유료 구독을 선택해야 한다. 이처럼 Clipdrop은 이미지 편집을 쉽고 빠르게 처리하고자 하는 사용자들에게 강력하고 효율적인 도구이다.

스테이블 디퓨전, Stable Diffusion

스태빌리티 AI에서 오픈 소스 라이선스로 배포한 이미지 생성기이다. Text-to-image AI 시스템(2022. 8. 출시). 스테이블 디퓨전 2.0은 지적재산권(저작권침해) 보호를 위해 일부 예술가의 그림체와 성인용 콘텐츠 제작을 지원하지 않는다.

스테이블 디퓨전 리이매진, Stable Diffusion Reimagine

텍스트 없이 이미지만으로 이미지를 만들어주는 이미지 생성 AI, Image-to-Image(2023. 3) 스테이블 디퓨전 리이매진은 원본 이미지를 재현하는 것이 아닌 새로운 이미지를 생성, 편향된 결과를 제공하는 문제가 있다.

Canva AI https://www.canva.com/ko_kr/ai-image-generator/

Canva(캔바) https://www.canva.com

Canva는 호주의 그래픽 디자인 툴로, 최근 AI 이미지 생성 기능을 도입하여 툴 내에서 AI 그림 생성이 가능하다. AI 이미지를 활용하여 디자인과 AI 이미지만 생성하여 저장 가능하다. 텍스트 프롬프트만 입력이 가능한 방식이며, AI 그림 생성 이전에 사진, 수채화, 애니메이션 등 화풍을 다양하게 선택할 수 있는 것이 특징이다. 프롬프트를 입력하면 동영상을 그려주는 베타 기능도 있다.

Canva는 비전문가도 쉽게 고품질의 디자인을 만들 수 있도록 돕는 온라인 그래픽 디자인 도구이다. 주로 템플릿 기반의 디자인 방식을 제공하여, 소셜 미디어 콘텐츠, 포스터, 프레젠테이션, 로고, 마케팅 자료 등 다양한 비주얼 콘텐츠를 빠르고 쉽게 제작할 수 있다.

드래그 앤 드롭 방식의 직관적인 인터페이스 덕분에 사용자가 이미지, 텍스트, 그래픽 요소 등을 자유롭게 배치하고 수정할 수 있으며, 복잡한 디자인 기술 없이도 멋진 결과물을 만들 수 있다.

• 주요 기능

템플릿 기반 디자인

Canva는 소셜 미디어 포스트, 명함, 포스터, 초대장, 광고 배너 등 여러 카테고리의 템플릿을 제공하여 사용자가 손쉽게 디자인을 시작할 수 있도록 한다. 템플릿을 선택하고 텍스트나 이미지만 수정하면 누구나 빠르게 디자인 작업을 마칠 수 있다.

드래그 앤 드롭 방식 편집

복잡한 그래픽 편집 도구 대신 드래그 앤 드롭 방식으로 이미지를 배치하거나 텍스트를 추가하는 등의 작업이 가능하다. 이러한 직관적인 사용법은 디자인 경험이 없는 사람들에게도 편리하게 작업할 수 있는 환경을 제공한다.

방대한 이미지 및 그래픽 요소 라이브러리

Canva는 무료 및 유료로 사용할 수 있는 방대한 이미지, 아이콘, 일러스트, 그래픽 요소 라이브러리를 제공하여, 사용자는 필요한 그래픽 자료를 쉽게 찾아 사용할 수 있다. 또한 자신의 이미지를 업로드하여 디자인에 사용할 수도 있다.

1부

2부

사진 편집 기능

Canva는 사진을 자르기, 필터 적용, 밝기 및 대비 조정 등의 간단한 편집 작업을 할 수 있는 기능을 제공한다. 또한 배경 제거 기능도 있어, 제품 사진을 깔끔하게 만들거나 인물 사진의 배경을 제거하는 작업도 가능하다.

브랜딩 도구

Canva Pro 사용자는 브랜딩 키트를 활용하여 브랜드 로고, 색상, 폰트를 저장하고, 이를 통해 일관성 있는 디자인을 유지할 수 있다. 이를 통해 각 디자인 프로젝트에서 동일한 브랜딩 요소를 사용할 수 있어, 브랜드 아이덴티티를 더욱 효과적으로 관리할 수 있다.

협업 기능

Canva는 실시간 협업 기능을 제공하여 여러 사용자가 동시에 같은 디자인 프로젝트에서 작업할 수 있다. 팀 프로젝트에서 특히 유용하며, 팀원들이 각자 디자인을 수정하거나 피드백을 주고받으며 작업을 진행할 수 있다.

인쇄 및 다운로드

Canva는 디자인 작업을 PDF, PNG, JPG 같은 다양한 형식으로 다운로드할 수 있도록 지원한다. 또한, 명함, 포스터, 브로슈어 등의 디자인을 Canva 자체에서 인쇄하고 배송받을 수 있는 인쇄 서비스도 제공하여, 디자인에서 인쇄까지 한 번에 처리할 수 있는 편리함을 제공한다.

동영상 및 프레젠테이션 제작

Canva는 단순한 이미지 디자인뿐 아니라 프레젠테이션 및 동영상 제작 기능도 지원한다. 템플릿을 이용해 간단하게 프레젠테이션 슬라이드를 제작하거나 소셜 미디어용 짧은 동영상 클립을 만들 수 있다.

• 사용 사례

소셜 미디어 콘텐츠 제작

Canva는 인스타그램, 페이스북, 트위터 등 소셜 미디어에 맞는 콘텐츠를 손쉽게 제작할 수 있는 템플릿을 제공한다. 사용자는 간단한 수정만으로 매력적인 소셜 미디어 포스트를 만들 수 있으며, 맞춤형 크기와 형식으로 다운로드할 수 있다.

프레젠테이션 및 보고서

Canva는 비즈니스 또는 학교에서 사용하는 프레젠테이션, 보고서, 슬라이드 제작 도구로도 많이 활용된다. 미리 준비된 템플릿을 이용해 시간과 노력을 절약하면서도 세련된 비주얼 자료를 만들 수 있다.

로고 및 브랜딩 자료 디자인

Canva는 로고 디자인을 쉽게 할 수 있는 도구를 제공하여 개인 프로젝트나 기업을 위한 로고를 제작할 수 있다. 또한, 명함, 브로슈어 등 브랜드와 관련된 자료를 쉽게 제작하고, 브랜딩 키트를 통해 일관성 있는 디자인을 유지할 수 있다.

1부

2부

광고 및 마케팅 자료 제작

Canva는 광고 배너, 포스터, 홍보물 등 마케팅에 필요한 비주얼 자료를 제작하는 데 적합하다. 템플릿을 활용해 빠르게 마케팅 자료를 만들고, 고해상도 파일로 다운로드하거나 인쇄까지 가능하다.

Canva는 디자인 경험이 없는 사람들도 쉽고 빠르게 전문적인 디자인을 제작할 수 있는 온라인 도구로, 다양한 템플릿과 직관적인 편집 도구 덕분에 비즈니스, 교육, 개인 프로젝트 등 여러 분야에서 활용할 수 있다. 소셜 미디어 콘텐츠, 프레젠테이션, 로고, 마케팅 자료 등 다양한 비주얼 작업을 손쉽게 처리할 수 있어, 개인이나 기업 모두에게 유용한 디자인 솔루션을 제공한다.

AI 영상 생성 도구 베스트

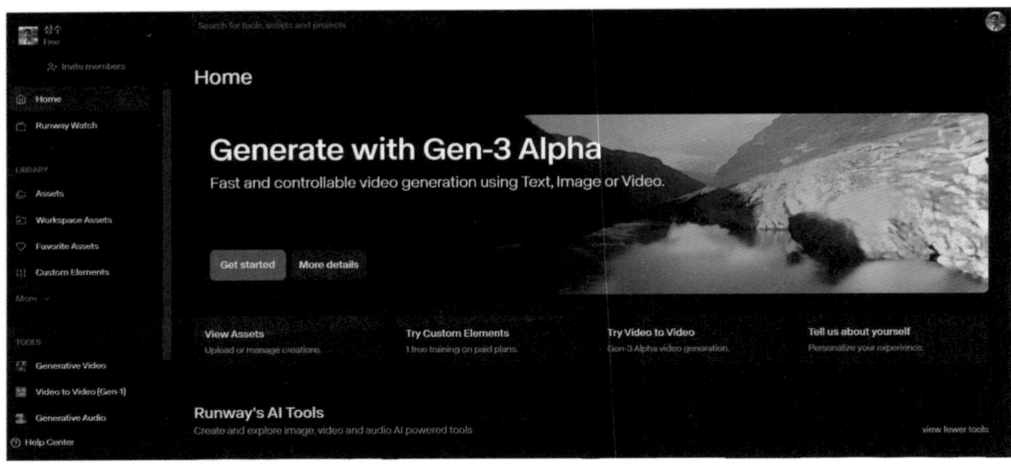

Runway 메인화면

Runway(런웨이) www.runwayml.com

Runway는 AI 기반의 비주얼 콘텐츠 제작 플랫폼으로, 비디오와 이미지 편집을 더 쉽고 빠르게 할 수 있도록 다양한 도구를 제공한다. 주로 비디오 제작자, 디자이너, 크리에이터가 많이 사용하며, AI 기술을 통해 복잡한 편집 작업을 자동화하여 제작 시간을 줄여준다.

• 주요 기능

AI 기반 비디오 편집

비디오에서 특정 객체를 자동으로 추적하거나 배경을 제거하는 작업을 손쉽게 할 수 있다. 이를 통해 수동으로 작업해야 하는 복잡한 편집 과정을 간소화한다.

배경 제거 (Green Screen)

비디오나 이미지에서 사람이나 물체만 남기고 배경을 자동으로 제거할 수 있는 기능이다. 이로 인해 별도의 그린 스크린 장비 없이도 쉽게 배경을 교체할 수 있다.

1부

2부

텍스트-영상 변환 (Text to Video)

텍스트 설명을 입력하면 AI가 해당 설명을 바탕으로 영상을 자동 생성해 준다. 빠르게 비디오 콘텐츠를 제작할 수 있는 기능이다.

모션 트래킹 (Motion Tracking)

비디오 내에서 특정 객체의 움직임을 추적하여 효과를 추가하거나 특정 작업을 자동으로 처리할 수 있다.

3D 모델링 및 렌더링

3D 그래픽을 생성하고 렌더링하는 작업을 쉽게 처리할 수 있어 시각적으로 매력적인 콘텐츠를 제작할 수 있다.

이미지 편집

이미지 생성, 업스케일링, 배경 제거 등 이미지 편집 기능도 제공해 디자인 작업을 간단하게 처리할 수 있다.

실시간 협업

여러 사용자가 동시에 프로젝트를 작업할 수 있어 팀 단위 작업이 더 효율적이다.

워크플로우 자동화

반복적인 작업을 자동화해 창작 과정을 더 빠르고 효율적으로 만들 수 있다.

• 사용 사례

비디오 제작자

유튜버나 소셜 미디어 콘텐츠 제작자들이 AI 도구를 사용해 빠르고 간편하게 비디오를 편집하고 배경을 제거하는 데 유용하다.

디자인 및 광고 업계

광고 영상이나 마케팅 자료 제작 시 배경 교체, 모션 효과 추가 등 빠른 편집이 가능하다.

3D 작업 및 아트

3D 모델링 작업이 필요할 때 AI 도구로 간단하게 작업을 진행할 수 있다.

팀 프로젝트

여러 명이 동시에 프로젝트를 작업할 수 있어 협업이 필요한 팀 프로젝트에 적합하다.

Runway는 AI 기술을 통해 비디오 및 이미지 편집을 쉽게 자동화하는 플랫폼이다. 특히 비디오 콘텐츠 제작자에게 유용하며, 배경 제거, 모션 트래킹 등 다양한 기능을 통해 제작 시간을 단축할 수 있다. 실시간 협업과 워크플로우 자동화 기능으로 팀 프로젝트에도 적합한 도구이다. Runway는 제작자가 영상, 오디오, 텍스트에 대한 코딩 경험이 없어도 직관적인 방식으로 머신러닝 도구를 사용할 수 있는 아주 쉽게 만들어진 플랫폼이다. 현재는 30개 이상의 AI Magic Tools을 통하여 자신이 원하는 비디오 영상을 만들 수가 있다. 또한 자신의 모델을 생성하고 교육하고 게시할 수도 있다.

- **Runway의 AI Magic Tool 기능**

기존 비디오를 변형(비디오 To 비디오), 텍스트 Prompt를 통해 비디오 생성(텍스트 To 비디오), 영상 속 배경 제거, 동영상 속 불필요한 사물이나 사람 제거, 모든 비디오를 부드러운 슬로우 모션으로 바꾸기, 비디오에서 얼굴을 감지하고 특정 인물의 얼굴을 흐리게 하기, 오디오 생성 툴, 이미지 생성 및 편집 툴과 같은 기능이 있다.

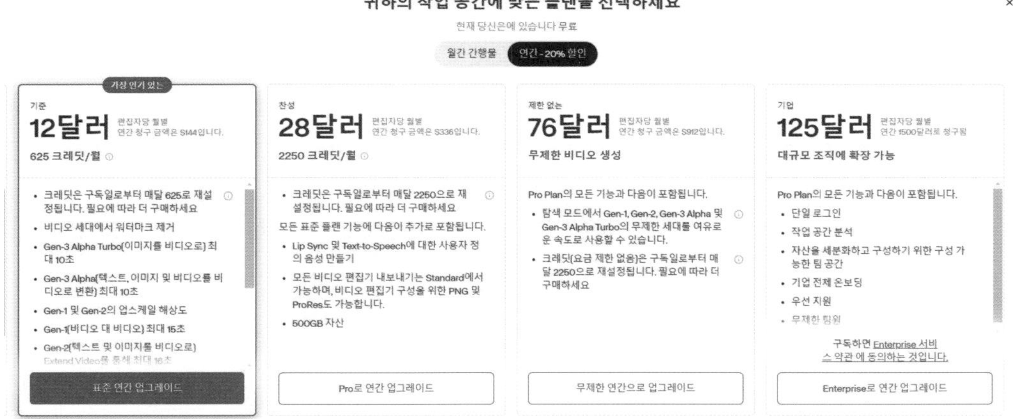

Runway는 현재 연간 결제시 20% 할인이 포함된 4가지 구독 기준을 제공한다. 각 구독 플랜에는 Runway 크레딧, 해상도 향상, 워터마크 제거, 무제한 비디오 편집, 용량, 편집자 수, 내보내기 등에 대한 액세스가 포함된다.

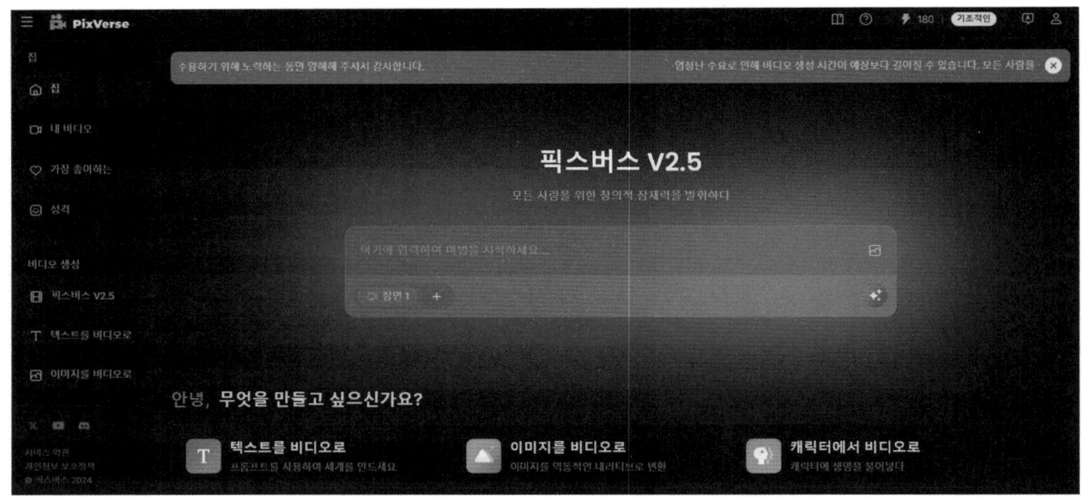

PixVerse(픽스버스) http://www.pixverse.ai/

PixVerse는 텍스트 프롬프트를 통해 원하는 비디오를 만들 수 있는 강력한 AI 비디오 생성 툴이다. PixVerse는 미드저니와 마찬가지로 Discord 커뮤니티를 사용하여 입력한 프롬프트에 따라 AI 비디오를 생성하는 툴이다. 프롬프트에 따라 창의적인 비디오들을 만들어 낼 수 있는 강력한 툴이다. PixVerse는 AI 기반의 이미지 편집 및 생성 도구로, 사진에서 배경을 제거하거나 고해상도로 변환하며, 복잡한 이미지 수정 작업을 빠르고 쉽게 처리할 수 있도록 도와주는 플랫폼이다. 사용자 친화적인 인터페이스 덕분에 디자인 경험이 적은 사람도 간단하게 이미지를 편집할 수 있으며, 주로 개인 크리에이터, 디자이너, 소셜 미디어 운영자들이 많이 사용된다.

프롬프트 입력란에 /create + prompt + style 입력 후 Enter.

Meditation, overlapping mountains, mountain grimes, some trees, Klimt
명상, 겹겹이 보이는 산, 주변에 단풍이 물들고, 나무 몇 그루, 클림트

An endless library with books that float to readers on command, overseen by a robotic librarian.
로봇 사서가 감독하는 명령에 따라 독자에게 책을 띄워주는 끝없는 도서관입니다.

AI 기반 배경 제거

PixVerse는 사진에서 특정 객체를 남기고 나머지 배경을 자동으로 제거하는 기능을 제공한다. 이를 통해 별도의 전문 지식 없이도 빠르게 배경을 지우고 투명 배경 이미지를 얻을 수 있다. 이 기능은 주로 제품 사진, 인물 사진 등에서 유용하게 쓰인다.

이미지 업스케일링

저해상도 이미지를 고해상도로 변환하는 기능을 지원한다. 이를 통해 저화질 이미지도 깨끗하고 선명하게 보정할 수 있으며 소셜 미디어, 블로그, 웹사이트 등에서 고품질의 이미지를 사용할 수 있다.

클린업 기능

PixVerse는 사진에서 불필요한 객체나 잡티를 제거하는 도구도 제공한다. 이를 통해 이미지의 불필요한 요소를 빠르게 지우고 깨끗한 사진을 만들 수 있다.

간단한 사진 편집 기능

PixVerse는 크기 조정, 자르기, 밝기 및 대비 조정 등의 기본적인 사진 편집 기능을 제공하여 사용자가 필요한 대로 이미지를 수정할 수 있도록 한다.

사용자 친화적인 인터페이스

PixVerse는 직관적인 사용법을 자랑하며, 복잡한 소프트웨어를 다루지 않고도 간단한 클릭만으로 이미지를 편집할 수 있어 디자인 초보자에게도 적합하다.

• 사용 사례

소셜 미디어 콘텐츠 제작

PixVerse는 소셜 미디어 콘텐츠를 빠르게 제작할 수 있는 도구로, 배경 제거와 이미지 업스케일링을 통해 고품질의 이미지를 생성하여 SNS 포스트, 광고 이미지 등에 활용할 수 있다.

e커머스 제품 이미지 편집

온라인 쇼핑몰이나 이커머스에서 제품 사진을 깔끔하게 만들기 위해 PixVerse의 배경 제거 기능을 사용하여 깔끔한 제품 이미지를 만들 수 있다. 또한, 이미지 업스케일링을 통해 제품 사진을 더 선명하게 보정할 수 있다.

간단한 사진 보정

PixVerse는 여행 사진이나 일상 사진에서도 사용이 가능하며, 불필요한 객체 제거, 배경 수정 등을 통해 사진을 빠르게 보정할 수 있다.

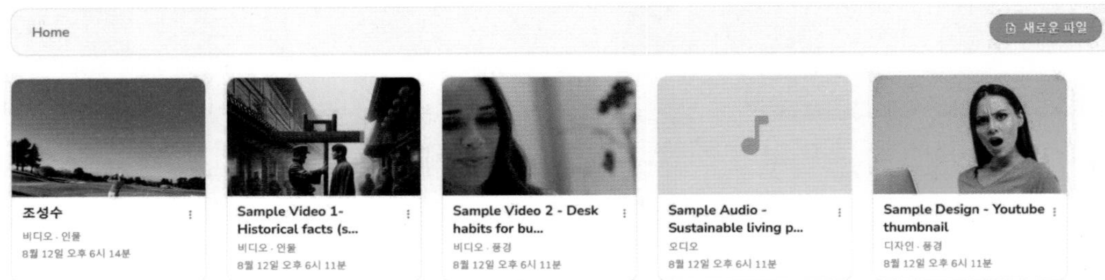

Fliki(플리키) www.fliki.ai

Fliki.ai는 텍스트를 자동으로 비디오나 음성 콘텐츠로 변환해 주는 AI 기반 도구이다. 이 도구를 사용하면, 누구나 간단한 텍스트 입력만으로 음성 내레이션이 포함된 동영상이나 팟캐스트 같은 오디오 콘텐츠를 빠르게 제작할 수 있다. 특히 콘텐츠 제작자, 유튜버, 블로거 등이 시간을 절약하고 콘텐츠를 더 빠르게 만들 수 있도록 도와주는 플랫폼이다.

Fliki.ai의 Text-to-Video 기능으로 본인이 원하는 영상에 대한 스크립트 작성만으로 쉽게 원하는 비디오를 만들어 낼 수 있다. 또한 AI 기술을 사용하여 단 몇 분 만에 리얼한 인공지능 음성 해설이 포함된 비디오를 만들 수 있다. Fliki.ai는 2,000개 이상의 언어로 75개 이상의 리얼한 텍스트 음성 변환 기능을 제공한다. 다양한 유형의 교육용 비디오, 설명, 제품 데모, 소셜 미디어 콘텐츠, 유튜브(YouTube) 비디오, 틱톡 릴스(Tiktok Reels) 및 비디오 광고 등이 비디오를 제작할 수 있다.

• 주요 기능

텍스트에서 비디오 생성 (Text-to-Video)

Fliki.ai는 텍스트를 기반으로 비디오를 자동으로 생성한다. 사용자는 텍스트를 입력하고, Fliki.ai가 AI를 활용해 텍스트를 기반으로 적합한 이미지와 비디오 클립을 매칭하여 완성된 비디오를 만들어 준다. 이 과정에서 사용자는 필요한 경우 배경 음악, 음성 내레이션 등을 추가할 수 있다.

음성 변환 (Text-to-Speech)

텍스트를 자연스럽게 들리는 AI 음성으로 변환할 수 있다. 다양한 언어와 억양을 선택할 수 있어, 사용자는 원하는 스타일로 내레이션을 만들 수 있다. 특히 콘텐츠 제작 시 시간과 노력을 절약할 수 있다.

자동 내레이션 추가

비디오나 오디오 콘텐츠에 텍스트를 기반으로 자동으로 내레이션을 추가할 수 있다. Fliki.ai는 다양한 음성 스타일과 언어 옵션을 제공해 전 세계 다양한 청중에게 적합한 콘텐츠를 만들 수 있도록 돕는다.

다양한 언어 지원

Fliki.ai는 여러 가지 언어를 지원하며, 각 언어에 맞는 자연스러운 음성을 제공한다. 이 기능을 통해 다국어 콘텐츠를 쉽게 제작할 수 있다.

사용자 친화적 인터페이스

Fliki.ai는 매우 간단한 사용자 인터페이스를 제공하여 복잡한 편집 기술 없이 누구나 쉽게 텍스트를 비디오나 음성 콘텐츠로 변환할 수 있다.

• 사용 사례

유튜브 영상 제작

유튜버들은 Fliki.ai를 사용해 텍스트만 입력하면 짧은 영상 콘텐츠를 빠르게 제작할 수 있다. 특히 복잡한 편집 도구 없이도 자동으로 내레이션이 포함된 비디오를 만들 수 있어 콘텐츠 제작 시간을 줄여준다.

소셜 미디어 콘텐츠

짧은 비디오 클립이나 설명이 필요한 콘텐츠를 빠르게 제작하여 소셜 미디어에 게시할 수 있다. 특히 텍스트만으로도 간단히 동영상을 만들 수 있어 많은 시간과 노력을 절감할 수 있다.

블로그 게시물의 오디오 버전 제작

블로거들은 기존의 텍스트 기반 게시물을 Fliki를 사용해 오디오 콘텐츠로 변환할 수 있다. 이를 통해 팟캐스트나 오디오북처럼 텍스트 콘텐츠를 새로운 방식으로 제공할 수 있다.

교육 및 학습 콘텐츠

교육용 자료나 학습 콘텐츠를 텍스트만으로 빠르게 비디오나 오디오로 제작해 학생들에게 더 쉽게 전달할 수 있다.

1. 텍스트를 통해 스크립트 작성만으로 원하는 동영상 생성
2. 2,000개의 리얼한 텍스트 음성 변환 사운드
3. 75개 이상의 언어
4. 비디오 편집 경험이 없이도 쉽게 비디오 편집 가능

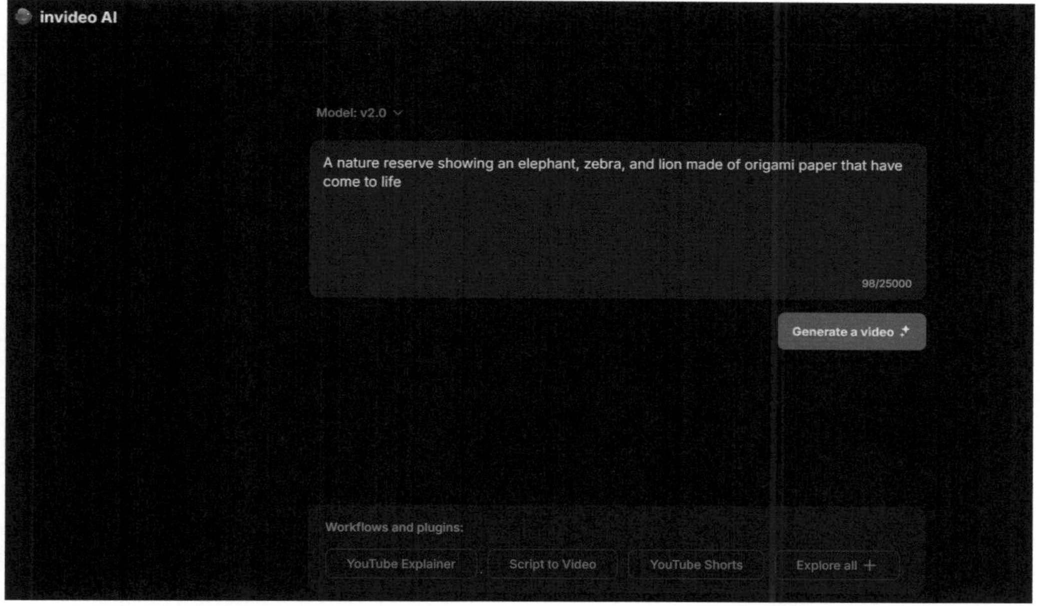

invideo AI(인비디오) www.invideo.io

invideo AI는 누구나 쉽게 비디오를 제작할 수 있도록 도와주는 온라인 비디오 편집 플랫폼이다. 디자인이나 편집 기술이 없어도 invideo AI의 템플릿과 도구를 이용해 간단한 작업으로 고퀄리티의 비디오 콘텐츠를 만들 수 있다. 유튜버, 마케팅 전문가, 소셜 미디어 콘텐츠 제작자들이 많이 사용하는 서비스이다.

기존의 비디오를 편집하거나 AI 아바타를 통한 마케팅 및 설명 동영상을 생성하는 플랫폼으로 다양한 비디오 생성 과정을 즐길 수 있다. 기존 비디오 제작에 있어서는 준비된 비디오를 자르거나 합성하거나 삽입하거나 음악과 음성 파일을 첨부하여 새로운 완성된 비디오를 만들 수 있다. 또한 활용 가능한 많은 템플릿이 제공되므로 비디오의 풍미를 더 할 수 있다. invideo AI에는 AI 말하는 아바타, AI 스크립트 생성기, AI 텍스트를 비디오로 외에 다양한 기능들을 가지고 있다.

골프 코스에서 골프를 치고 성공하고 싶은 남녀의 이야기를 만들어 보세요.
Create a story about a man and a woman on a golf course who want to play golf and succeed.

• 주요 기능

비디오 템플릿

invideo AI는 수천 개의 비디오 템플릿을 제공해 사용자가 필요한 비디오 형식에 맞춰 쉽게 편집할 수 있도록 도와준다. 템플릿을 선택한 후, 텍스트, 이미지, 영상 클립 등을 삽입해 맞춤형 비디오를 제작할 수 있다.

드래그 앤 드롭 편집

드래그 앤 드롭 방식으로 비디오 편집이 가능해 사용자가 영상을 쉽게 다루고 수정할 수 있다. 복잡한 편집 기술 없이도 텍스트, 이미지, 음악을 추가하거나 클립을 자르는 등의 작업을 할 수 있다.

음성 내레이션 추가

invideo AI는 텍스트를 음성으로 변환(Text-to-Speech)하는 기능을 제공한다. 이를 통해 자동으로 내레이션을 추가하거나 직접 녹음한 음성을 넣을 수 있어, 비디오를 더 풍성하게 만들 수 있다.

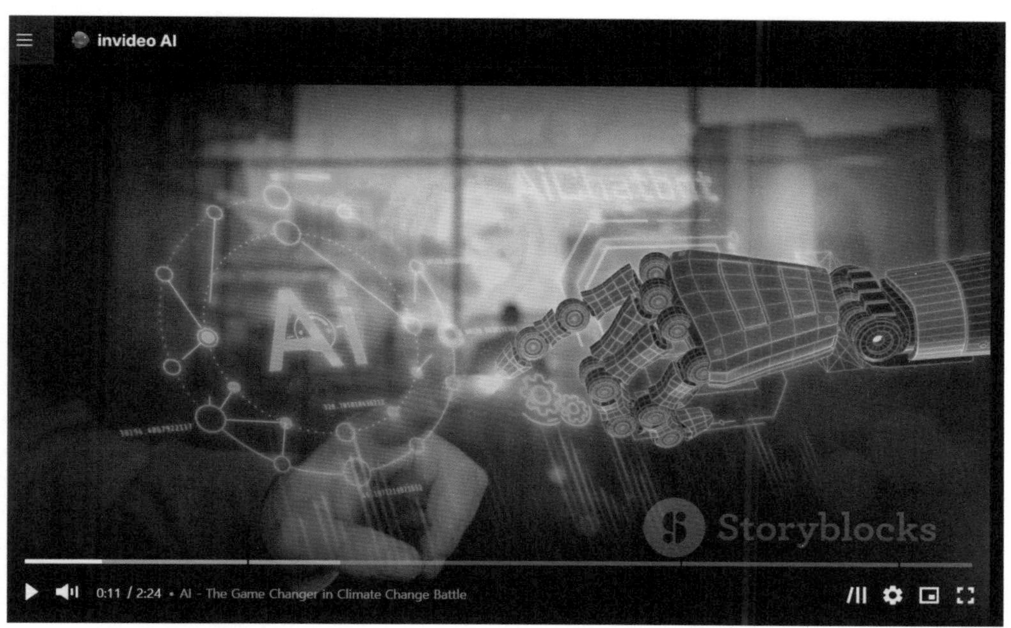

소셜 미디어 맞춤형 비디오 제작

invideo AI는 유튜브, 인스타그램, 페이스북 등 다양한 소셜 미디어에 맞는 비디오 형식과 크기를 지원한다. 사용자는 플랫폼별로 최적화된 비디오를 만들 수 있어 소셜 미디어 마케팅에 매우 유용하다.

음악 및 효과 추가

invideo AI는 비디오에 배경음악, 음향 효과, 그리고 다양한 시각적 효과를 추가할 수 있는 기능을 제공한다. 라이브러리에 있는 다양한 음악을 활용하거나 직접 업로드할 수 있다.

자동 자막 생성

invideo AI는 자동 자막 생성 기능을 지원해 영상에 텍스트를 자동으로 추가할 수 있다. 이 기능은 특히 인터뷰나 설명 영상에서 자막을 빠르게 넣는 데 유용하다.

팀 협업 기능

여러 사용자가 하나의 비디오 프로젝트에서 실시간으로 협업할 수 있는 기능도 제공한다. 이를 통해 팀 단위의 콘텐츠 제작이 더 효율적으로 이루어진다.

• 사용 사례

유튜브 영상 제작

invideo AI는 다양한 템플릿과 손쉬운 편집 기능을 제공해 유튜버들이 빠르게 영상을 제작할 수 있도록 도와준다. 튜토리얼, 브이로그, 제품 리뷰 등 다양한 콘텐츠를 손쉽게 만들 수 있다.

소셜 미디어 광고

invideo AI의 템플릿을 사용해 소셜 미디어 광고용 영상을 쉽게 만들 수 있다. 짧은 홍보 영상이나 마케팅 콘텐츠를 빠르게 제작하고, 플랫폼별로 최적화된 형식으로 바로 게시할 수 있다.

교육 콘텐츠 제작

invideo AI는 교사나 강사들이 교육 영상을 만들 때 유용하다. 텍스트와 이미지를 활용해 교육 자료를 시각적으로 만들고, 설명이 필요한 부분에 자동 자막을 추가할 수 있다.

브랜드 비디오 제작

브랜드나 기업의 홍보 영상을 손쉽게 만들 수 있다. 템플릿을 통해 제품 소개나 브랜드 캠페인 영상을 빠르게 제작해 마케팅 팀에서 활용할 수 있다.

SYNTHESYS(신테시스) www.synthesys.io

SYNTHESYS는 AI 기반의 비디오 생성 플랫폼으로, 사용자가 텍스트만 입력하면 AI가 이를 바탕으로 실제 사람처럼 보이는 아바타가 해당 내용을 읽어주며 비디오 콘텐츠를 제작할 수 있는 도구이다. 복잡한 영상 제작 기술 없이도 쉽고 빠르게 비디오를 만들 수 있어 교육, 마케팅, 광고 등의 분야에서 자주 사용된다.

SYNTHESYS는 AI 인간, AI 목소리, AI 이미지를 제공함으로 비디오 설명, 제품 튜토리얼과 같은 콘텐츠를 단 몇 분 만에 만들어 낼 수 있도록 설계되었다. SYNTHESYS는 TTV(텍스트-비디오) 기술을 사용하여 스크립트를 동적 미디어 프레젠테이션으로 변환할 수 있다. SYNTHESYS를 통해 카메라나 영상 제작진이 필요 없이 립싱크 AI 비디오를 제작할 수 있으며 콘텐츠 제작자는 오직 아바타를 선택하고

140개 이상의 사용 가능한 언어 중 하나를 선택하여 스크립트를 입력하면 고품질의 비디오를 얻을 수 있다. 69개의 실제 "Humatar"와 254개의 고유한 스타일로 구성된 음성 라이브러리를 제공하고 있다. AI 동영상 생성기를 사용하려면 텍스트를 입력하고 가장 적합한 템플릿이나 맞춤 템플릿을 선택한 후 완성된 동영상을 얻을 수 있다.

• 주요 기능

AI 아바타 비디오 생성

SYNTHESYS의 핵심 기능은 사용자가 입력한 텍스트를 읽어주는 AI 아바타를 사용해 자동으로 비디오를 제작하는 것이다. 사용자는 텍스트를 입력하고 원하는 아바타를 선택한 후, 아바타가 해당 텍스트를 읽어주는 비디오를 제작할 수 있다.

다양한 아바타와 음성 선택

플랫폼에는 여러 아바타와 음성 스타일이 제공되어, 사용자는 다양한 옵션 중에서 선택하여 프로젝트에 맞는 비디오를 제작할 수 있다. 또한, 여러 언어와 억양을 지원해 다양한 문화권의 콘텐츠 제작이 가능하다.

빠르고 간편한 비디오 제작

SYNTHESYS는 사용자가 텍스트를 입력하는 것만으로도 프로페셔널한 비디오를 자동으로 생성한다. 비디오 편집 경험이 없어도 쉽게 고품질의 비디오를 만들 수 있어 시간과 노력을 절약할 수 있다.

다양한 활용 가능성

SYNTHESYS는 교육 콘텐츠, 광고, 마케팅, 기업 내부 교육 등 다양한 분야에서 활용된다. 특히 AI 아바타가 등장해 내레이션을 해주기 때문에 더 전문적이고 신뢰성 있는 영상을 만들 수 있다.

• 사용 사례

교육 콘텐츠 제작

SYNTHESYS는 온라인 강의나 학습 자료를 제작할 때 유용하다. 교육 내용만 텍스트로 작성하면, AI 아바타가 이를 설명해 주는 비디오를 만들어 강의를 더 효과적으로 전달할 수 있다.

마케팅 및 광고 비디오

기업과 브랜드는 SYNTHESYS를 사용해 제품 설명 비디오나 광고 영상을 빠르게 제작할 수 있다. 아바타가 직접 제품을 설명하거나 메시지를 전달해 더 많은 고객에게 도달할 수 있다.

사내 교육 및 발표 영상

사내 교육 비디오나 발표 자료를 만들 때도 SYNTHESYS가 유용하다. 텍스트 기반으로 빠르게 교육 자료를 비디오로 변환할 수 있어 교육 시간을 크게 단축시킬 수 있다.

유튜브 영상 제작

유튜버들도 SYNTHESYS를 통해 얼굴을 드러내지 않고 AI 아바타를 활용한 영상을 제작할 수 있다. 텍스트만으로 영상을 만들 수 있어 유튜브 콘텐츠를 더 쉽게 제작할 수 있다.

• 주요 기능

1. 69개의 리얼한 Humatar

2. 140개 이상의 언어와 254개의 독특한 스타일

3. 비디오, e-러닝, 소셜 미디어 및 제품 설명에 탁월한 도구

4. 간단하고 직관적인 조작 인터페이스
5. 템플릿을 사용하여 기존 비디오를 편리하고 쉽게 제작할 수 있음
6. 자르기, 합성, 삽입, 크기 조절, 음성 삽입
7. AI 말하는 아바타, AI 스크립트 생성기, AI 텍스트를 비디오로, AI 영상 편집자, AI 비디오 생성기, AI 음성 생성기
8. 전문적으로 디자인된 템플릿
9. 소셜 미디어에 직접 공유

synthesia(신테시아) www.synthesia.io

synthesia는 AI 기반의 비디오 생성 플랫폼으로, 사용자가 텍스트만 입력하면 인공지능이 이를 바탕으로 실제 사람처럼 보이는 아바타가 등장해 해당 내용을 설명하는 비디오를 자동으로 생성해 주는 서비스이다. 복잡한 영상 제작 기술 없이도 빠르고 간단하게 비디오 콘텐츠를 제작할 수 있어 교육, 마케팅, 기업 교육, 소셜 미디어 콘텐츠 등에 널리 활용된다. synthesia는 AI 아바타로 비디오를 빠르

게 만들 수 있는 AI 비디오 생성 플랫폼이다. 이 플랫폼에는 120개 이상의 언어로 구성된 자연스러운 음성과 140개 이상은 AI 아바타를 사용하여 동영상을 더욱 매력적으로 만들 수 있다. 다양한 템플릿, 스크린 레코더, 미디어 라이브러리 등이 포함되어 있다. synthesia는 Google, Nike, Reuters 및 BBC와 같은 세계적으로 유명한 회사에서 사용되고 있다. synthesia를 사용하면 복잡한 영상 장비나 촬영 장소가 필요하지 않다. 70개 이상의 다양한 AI 아바타 중에서 선택할 수 있으며, 나만의 브랜드를 위한 독점 AI 아바타도 얻을 수 있다. 미리 설정된 아바타 외에도 자신만의 아바타를 만들 수도 있다.

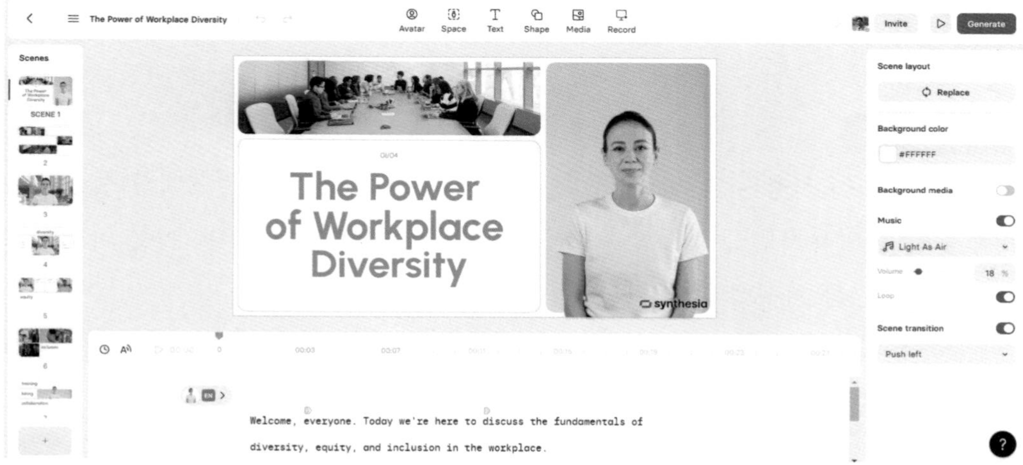

• 주요 기능

AI 아바타 비디오 생성

synthesia의 핵심 기능은 사용자가 텍스트를 입력하면 AI 아바타가 이를 읽어주며 비디오를 생성하는 것이다. 다양한 아바타와 언어, 억양을 선택할 수 있어, 맞춤형 비디오를 쉽게 만들 수 있다.

다양한 아바타와 언어 지원

synthesia는 여러 아바타와 언어 옵션을 제공한다. 사용자는 다양한 아바타 중에서 선택할 수 있고, 여러 언어와 억양을 지원하여 글로벌 콘텐츠 제작이 가능하다. 이 기능은 특히 다국적 기업이나 여러 국가를 대상으로 콘텐츠를 제작할 때 유용하다.

간단한 비디오 제작

비디오 편집 기술이 필요 없이, 단순히 텍스트를 입력하는 것만으로도 전문적인 비디오를 만들 수 있다. 아바타가 실제 사람처럼 텍스트를 말하며, 사용자는 배경, 텍스트 스타일 등을 추가로 설정할 수 있다.

템플릿 제공

synthesia는 사용자가 더 쉽게 비디오를 제작할 수 있도록 템플릿을 제공한다. 이 템플릿을 활용하면 콘텐츠의 구조를 손쉽게 구성할 수 있으며, 이를 바탕으로 빠르게 비디오를 완성할 수 있다.

기업 및 교육 콘텐츠 제작

사내 교육 비디오, 제품 설명서, 광고 영상 등 다양한 용도로 비디오를 제작할 수 있다. AI가 내레이션을 맡아 비디오 콘텐츠를 제작하므로 시간과 비용을 절감할 수 있다.

• 사용 사례

교육 콘텐츠

온라인 강의나 교육 자료 제작에 유용하다. AI 아바타가 강의 내용을 전달하며, 강의나 튜토리얼 영상을 빠르게 제작할 수 있다.

마케팅 및 광고 비디오

제품 설명이나 마케팅 캠페인 비디오를 쉽게 제작할 수 있다. synthesia의 AI 아바타를 통해 전문적인 비디오 콘텐츠를 제작해 소셜 미디어나 웹사이트에 활용할 수 있다.

기업 내부 교육

신입 사원 교육이나 제품 트레이닝 영상을 간편하게 만들 수 있다. 텍스트 기반의 스크립트만으로도 효과적인 교육 자료를 빠르게 제작할 수 있어 기업의 내부 교육 시간을 크게 줄여준다.

유튜브 및 소셜 미디어 콘텐츠

얼굴을 드러내지 않고도 AI 아바타를 활용해 유튜브 영상이나 소셜 미디어 콘텐츠를 만들 수 있다. 빠른 속도로 다양한 비디오 콘텐츠를 제작할 수 있어 콘텐츠 제작자들에게 매우 유용하다.

• 주요 기능

1. 140개 이상의 인공 지능 아바타
2. 120개 이상의 언어
3. 다양한 영상 템플릿
4. 무료 미디어 라이브러리
5. 유료 결제 사용 Starter 22$, Creator 67$, Enterprise

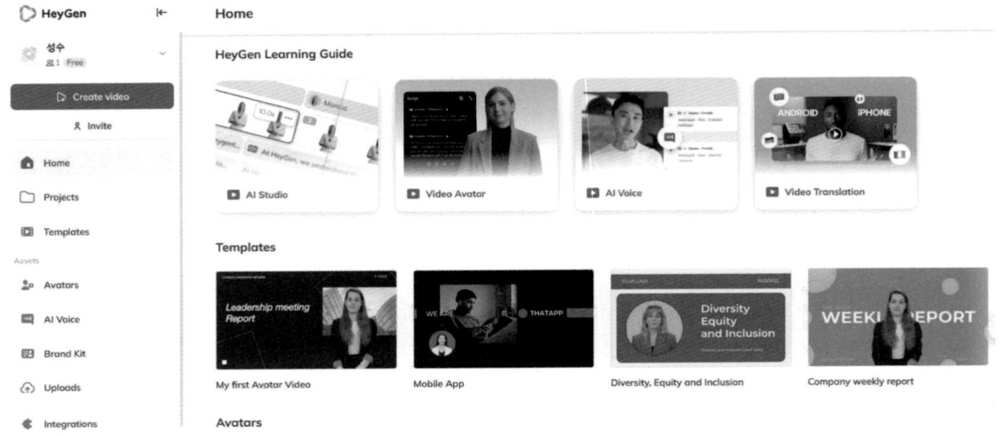

HeyGen(헤이젠) www.heygen.com

HeyGen은 AI 기반의 비디오 생성 플랫폼으로, 사용자가 텍스트를 입력하면 이를 바탕으로 AI 아바타가 등장해 해당 내용을 말하며 비디오를 자동으로 생성해주는 서비스이다. 마케팅, 교육, 소셜 미디어, 제품 설명 등 다양한 용도의 비디오 콘텐츠를 쉽게 제작할 수 있다. 이 플랫폼은 복잡한 편집 기술 없이도 쉽고 빠르게 비디오를 만들 수 있는 것이 특징이다. HeyGen은 생성 AI를 활용하여 다양한 사용 사례에 맞게 쉽고 매력적인 비즈니스 비디오를 만들 수 있도록 도와주는 플랫폼이다. 플랫폼을 통해 사용자는 몇 분 안에 브라우저에서 직접 텍스트를 전문적인 비디오로 변환할 수 있다. 실제 음성을 녹음하고 업로드하여 나만의 아바타를 만들거나 선택할 수 있는 음성 300개 이상 중에서 선택하여 사용할 수 있다. 여러 장면을 하나의 비디오로 결합하고 비디오 테마에 맞게 음악을 추가하는 등 다양한 사용자 맞춤형으로 사용할 수 있다.

• 주요 기능

AI 아바타 비디오 생성

사용자가 텍스트를 입력하면, HeyGen의 AI 아바타가 해당 텍스트를 읽어주며 비디오를 자동으로 생성한다. 여러 가지 아바타와 음성 스타일을 선택할 수 있어, 사용자의 요구에 맞춘 맞춤형 비디오를 쉽게 만들 수 있다.

다양한 언어 및 억양 지원

HeyGen은 다양한 언어와 억양을 지원해 글로벌 시장을 대상으로 다국어 비디오를 제작할 수 있다. 이를 통해 여러 나라에 맞는 비디오 콘텐츠를 효율적으로 제작할 수 있다.

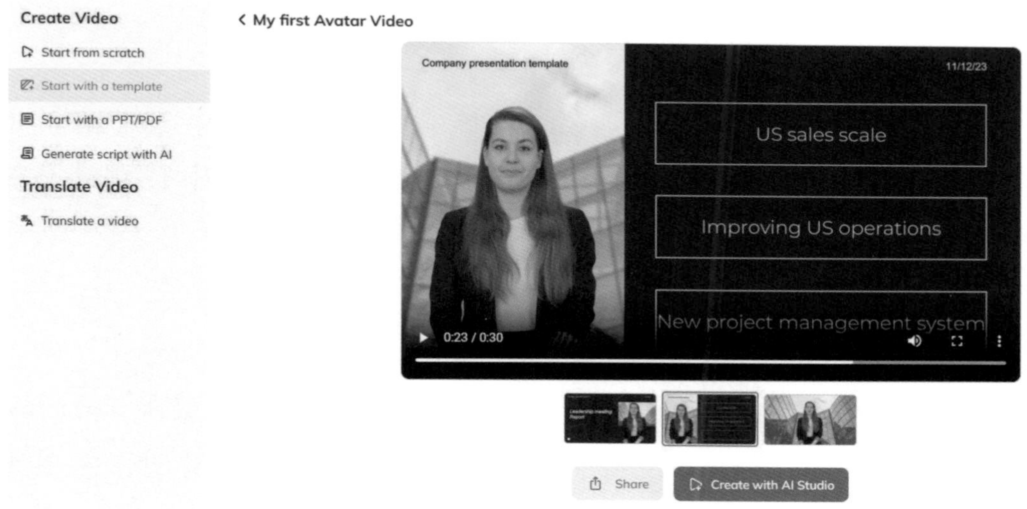

사용자 친화적인 편집 도구

HeyGen은 템플릿 기반으로 간단하게 비디오를 제작할 수 있다. 텍스트 입력 후 영상 스타일, 아바타, 배경 등을 선택해 비디오를 빠르게 완성할 수 있어, 비디오 제작 경험이 없는 사람도 쉽게 사용할 수 있다.

빠른 비디오 제작

복잡한 편집 과정 없이도 빠르고 간편하게 비디오를 생성할 수 있어 시간과 노력을 절약할 수 있다. 기업에서 제품 설명 영상이나 교육용 콘텐츠를 제작하는 데 유용한다.

다양한 활용 분야

HeyGen은 마케팅 비디오, 교육 콘텐츠, 제품 설명 비디오 등 다양한 분야에서 활용될 수 있다. 특히 인공지능 아바타를 활용해 비용을 절감하고, 비디오 제작 시간을 단축할 수 있다.

• 사용 사례

마케팅 및 광고 비디오

HeyGen을 통해 제품 설명이나 광고 비디오를 빠르게 제작할 수 있다. AI 아바타가 등장해 제품에 대한 정보를 설명해 주며, 소셜 미디어나 웹사이트에서 사용할 수 있는 비디오 콘텐츠를 쉽게 만들 수 있다.

교육 콘텐츠 제작

온라인 교육이나 사내 교육을 위한 비디오를 빠르게 제작할 수 있다. 교육 자료를 텍스트로 작성한 후, AI 아바타가 이를 설명해 주는 강의 영상을 만들 수 있어 교육자를 대체하거나 보조하는 콘텐츠로 활용할 수 있다.

기업 내부 커뮤니케이션

신입 사원 교육이나 사내 발표 등의 콘텐츠를 텍스트 입력만으로 쉽게 제작할 수 있다. AI 아바타가 내레이션을 맡아 중요한 정보를 시각적이고 전문적으로 전달할 수 있다.

유튜브 및 소셜 미디어 콘텐츠

유튜버나 콘텐츠 크리에이터들도 HeyGen을 사용해 얼굴을 드러내지 않고도 AI 아바타가 설명하는 영상을 만들 수 있다. 빠른 제작 과정 덕분에 콘텐츠 생산성을 높일 수 있다.

• HeyGen의 장점

1. 본인 사진을 기반으로 만들어진 영상으로 실제의 모습과 같은 아바타 생성이 가능함
2. 300개 이상의 인기 언어로 된 40개 이상의 음성 중에서 선택 가능
3. 좋아하는 음악을 선택하거나 업로드하여 마무리 작업을 추가함
4. 녹음 파일을 업로드하여 자신의 목소리로 아바타를 맞춤 설정
5. 텍스트를 비디오로 변환

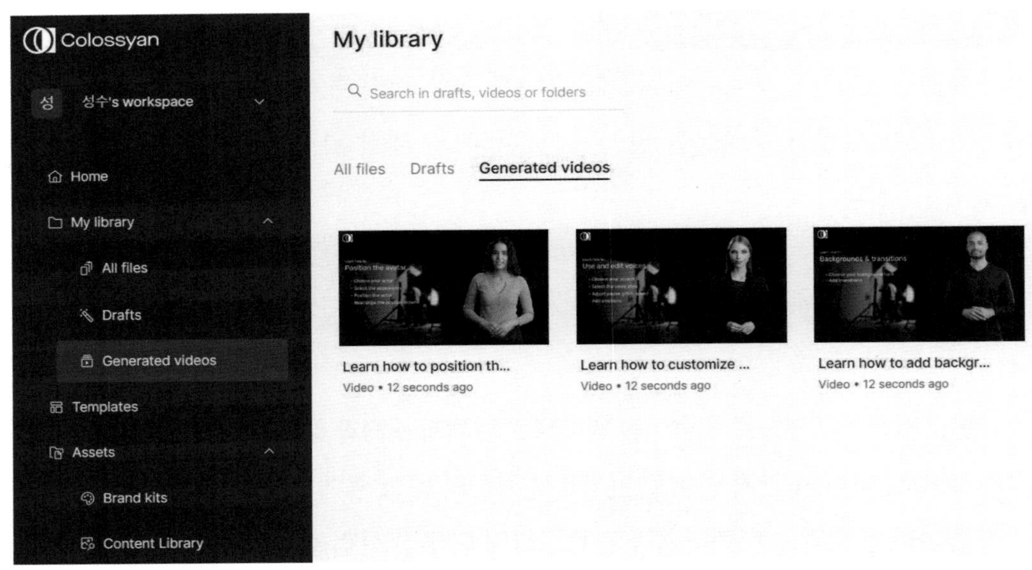

Colossyan(콜로시안) www.colossyan.com

Colossyan은 기계학습 알고리즘을 기반으로 하는 인공지능 및 비디오 제작 도구를 구축한 최초의 회사 중 하나이다. PPT 발표와 인공지는 AI 아바타가 접목되어 HR 교육 동영상부터 YouTube 클립에 이르기까지 모든 용도의 영상을 제작할 수 있다. 이 비디오 생성기를 사용하면 다양한 아바타 중에서 선택할 수 있으며 아바타에 대한 스크립트를 제공한다. 동영상을 생성한 후 버튼 하나만 누르면 전체 동영상을 자동으로 번역하여 다양한 영역을 타겟팅할 수 있다. Colossyan은 AI 기반의 비디오 생성 플랫폼으로, 사용자가 텍스트만 입력하면 AI가 이를 기반으로 디지털 아바타를 통해 비디오 콘텐츠를 제작할 수 있는 도구이다. 복잡한 비디오 편집 기술 없이도 빠르고 간단하게 고품질의 비디오를 만들 수 있어, 마케팅, 교육, 트레이닝, 기업 교육 등 다양한 분야에서 널리 활용된다.

• 주요 기능

AI 아바타 비디오 생성

Colossyan은 사용자가 입력한 텍스트를 AI 아바타가 읽어주는 비디오 생성 기능을 제공한다. 다양한 디지털 아바타를 선택할 수 있으며, 아바타가 해당 스크립트를 읽어주면서 비디오를 자동으로 생성한다.

다양한 언어 및 억양 지원

Colossyan은 다양한 언어와 억양을 지원해 글로벌 마케팅이나 다국적 기업의 교육 콘텐츠 제작에 유용하다. 여러 나라의 청중을 대상으로 다국어 비디오를 제작할 수 있다.

사용자 친화적인 편집 도구

간편한 사용자 인터페이스를 제공하여, 텍스트 입력 후 간단한 설정으로 비디오를 제작할 수 있다. 사용자는 아바타, 배경, 텍스트 스타일 등을 쉽게 수정할 수 있어 맞춤형 비디오를 빠르게 완성할 수 있다.

템플릿 제공

Colossyan은 비디오 제작을 더 간편하게 할 수 있도록 다양한 템플릿을 제공한다. 이를 통해 사용자는 복잡한 디자인 없이도 빠르고 전문적인 비디오를 제작할 수 있다.

빠른 비디오 제작

텍스트 입력과 몇 가지 설정만으로 비디오를 빠르게 생성할 수 있어 시간과 비용을 절약할 수 있다. 특히 대량의 교육 콘텐츠나 마케팅 자료 제작에 유용하다.

실시간 비디오 생성

Colossyan의 AI는 실시간으로 비디오를 생성할 수 있어 콘텐츠 제작 시간을 대폭 줄여준다. 이는 특히 빠른 속도로 콘텐츠를 제작해야 하는 상황에서 매우 유리하다.

• 사용 사례

교육 콘텐츠 제작

Colossyan은 교육 비디오나 학습 자료를 쉽게 제작할 수 있다. AI 아바타가 강의 내용을 설명해 주며, 온라인 강의나 교육용 튜토리얼을 빠르게 제작할 수 있다.

기업 교육 및 트레이닝

신입 사원 교육, 제품 트레이닝, 규정 설명 등 기업 내 교육 비디오를 제작하는데 유용하다. AI 아바타가 기업 내 교육 자료를 설명하는 비디오를 제작해 효율적인 교육 과정을 진행할 수 있다.

마케팅 및 광고 비디오

Colossyan을 통해 제품 소개나 광고 비디오를 쉽게 제작할 수 있다. 아바타가 제품의 특성을 설명하거나 캠페인 내용을 전달하는 프로페셔널한 비디오를 만들 수 있다.

유튜브 및 소셜 미디어 콘텐츠

유튜버나 콘텐츠 크리에이터들이 Colossyan을 통해 얼굴을 직접 노출하지 않고도 AI 아바타를 활용한 비디오를 제작할 수 있다. 소셜 미디어용 콘텐츠나 제품 리뷰 영상을 빠르게 만들 수 있다.

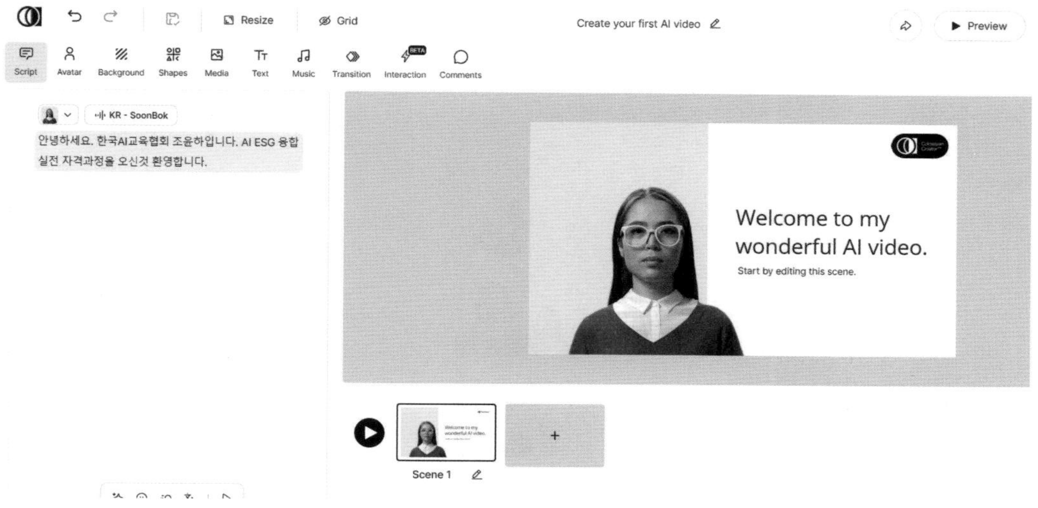

• Colossyanyan의 옵션

인공지능 AI 아바타를 적용하여 PPT 발표나 HR 교육 영상을 제작할 수 있다. (사용 가능한 많은 템플릿 제공)

1. AI 비디오에 자막을 추가

2. 다양한 악센트로 비디오를 개인화

3. 화면 녹화로 비디오 메시지를 향상

4. 자동 번역 기능으로 120개 이상의 언어 사용 가능

VEED(비드) www.veed.io

VEED는 온라인 비디오 편집 플랫폼으로, 누구나 쉽게 비디오를 편집하고 다양한 멀티미디어 콘텐츠를 제작할 수 있도록 돕는 도구이다. 이 플랫폼은 복잡한 비디오 편집 소프트웨어 없이도 간단한 드래그 앤 드롭 방식으로 비디오를 편집할 수 있어 초보자부터 전문가까지 모두 사용할 수 있다. 특히 자막 추가, 오디오 편집, 영상 트리밍 같은 기능을 간편하게 사용할 수 있어 소셜 미디어 콘텐츠 제작이나 마케팅 비디오 제작에 많이 사용된다.

기본적인 컴퓨터 기술을 갖춘 사람이라면 누구나 쉽게 고품질 비디오를 생성할 수 있다. 텍스트, 글꼴, 색상, 음악 등을 사용자 정의하여 독특한 비디오를 만들 수 있으며 플랫폼은 또한 비디오를 통해 특정 메시지를 전달할 수 있도록 다양한 테마를 제공한다. VEED를 사용하면 한 번의 클릭으로 비디오 파일을 쉽게 복사할 수 있다. 쉽고 간편하게 비디오를 업로드하고 자동 스크립트를 클릭한 다음 스크립트를 다운로드하면 된다.

• 주요 기능

드래그 앤 드롭 비디오 편집

VEED는 사용자가 드래그 앤 드롭 방식으로 비디오 클립을 이동시키고 편집할 수 있는 간단한 인터페이스를 제공한다. 비디오 자르기, 병합, 클립 추가 등 비디오 편집 작업을 손쉽게 처리할 수 있어 전문적인 비디오 편집 소프트웨어에 비해 배우기 쉽다.

자막 자동 생성 및 편집

VEED는 자동 자막 생성 기능을 통해 사용자가 업로드한 비디오에 자동으로 자막을 추가해 준다. 이 기능은 AI 음성 인식을 통해 비디오 속 대사를 텍스트로 변환하며, 이를 수동으로 수정하거나 스타일을 변경할 수 있어 편리하다.

오디오 편집

VEED는 오디오 편집 기능도 제공하여 비디오 내의 배경음악, 음성 내레이션 등을 손쉽게 추가하거나 편집할 수 있다. 잡음 제거 기능도 제공해 더 깨끗한 음질을 제공하는 비디오를 제작할 수 있다.

소셜 미디어 비디오 최적화

VEED는 유튜브, 인스타그램, 페이스북 등 다양한 소셜 미디어 플랫폼에 맞춘 비디오 크기 및 형식을 제공한다. 사용자는 플랫폼에 맞는 맞춤형 비디오를 손쉽게 제작할 수 있어 디지털 마케팅과 SNS 콘텐츠 제작에 매우 유용하다.

효과 및 필터 추가

VEED는 비디오에 다양한 효과와 필터를 추가해 비디오의 시각적 매력을 높일 수 있는 기능을 제공한다. 이 기능은 비디오의 색감이나 분위기를 쉽게 변경할 수 있어 독창적인 비디오를 제작하는 데 도움이 된다.

GIF 및 애니메이션 제작

VEED를 사용해 비디오 클립을 GIF 파일로 변환하거나 짧은 애니메이션을 제작할 수 있다. 이는 소셜 미디어 콘텐츠나 광고용 GIF 제작에 유용하다.

클라우드 기반 편집

VEED는 클라우드 기반 플랫폼이기 때문에 별도의 소프트웨어 설치 없이 인터넷 브라우저에서 바로 편집 작업을 할 수 있다. 이를 통해 어디서든 작업할 수 있고, 팀 협업도 가능하다.

• 주요 기능

1. 텍스트, 글꼴, 색상, 음악 등을 활용해 사용자 정의 독특한 비디오 생성

2. 다양한 테마, 템플릿 제공

3. 자막 추가, 오디오 추가, 이모티콘 추가, 사진 추가, 텍스트 추가 등을 한번의 클릭만으로 실현

4. AI 아바타, AI 이미지 생성기, AI 비디오 생성기, AI 텍스트 음성 변환 비디오, AI 스크립트 생성기 등 92가지 툴 제공

Pika Labs(피카랩스) https://pika.art/home

Pika Labs는 텍스트나 이미지를 기반으로 AI를 통해 짧은 동영상을 생성하는 혁신적인 플랫폼이다. 사용자는 간단한 텍스트 프롬프트를 입력하거나 이미지를 업로드하면, 이를 바탕으로 애니메이션이나 동영상을 빠르게 제작할 수 있다. 이 기술은 특히 광고, 영화, 교육 등 다양한 분야에서 활용 가능성이 높으며, 일반 사용자들도 쉽게 접근할 수 있는 도구로 주목받고 있다.

Pika Labs는 1995년생 천재 소녀 궈원징(Guo Wenjing)이 창업한 AI 스타트업으로, 스탠퍼드대 AI 연구소에서 연구하던 그녀는 AI 영화제에서의 경험을 계기로 더 나은 AI 영상 제작 도구의 필요성을 느끼고 회사를 설립했다. Pika Labs는 텍스트 입력만으로 고품질 영상을 만들어낼 수 있으며, AI 영상 제작 시장에서 빠르게 성장하고 있다.

사용자들은 간단한 인터페이스를 통해 영상의 카메라 움직임, 화면 비율, 프레임 속도 등을 조정할 수 있고, '립싱크' 기능이나 배경음 추가 등의 옵션도 제공된다. 또한, Pika Labs는 다양한 구독 모델을 제공하며 기본적으로 무료 크레딧(250 크레딧)을 제공하기에 이 크레딧을 사용하여 동영상을 제작할 수 있다. 사용자는 초기 가입 시 받은 무료 크레딧을 사용하여 프롬프트를 테스트하고 변환해 볼 수 있다. 하지만 무료 크레딧이 소진된 후에는 추가 크레딧을 충전하여 사용해야 한다. 무료 플랜으로 사용하더라도 크레딧이 모두 소진되면 매일 30크레딧이 충전된다.

• 주요 기능

텍스트 기반 영상 생성

사용자는 단순한 문장을 입력하는 것만으로도 관련 동영상을 자동으로 생성할 수 있다. 예를 들어, "여성이 말하고 있는 장면"이라고 입력하면 해당 프롬프트에 맞는 동영상이 자동으로 만들어진다. 또한, 프롬프트의 디테일을 조정해 특정 움직임이나 장면의 추가 세부 설정도 가능하다.

이미지 기반 영상 생성

사용자는 업로드한 이미지를 바탕으로 그 이미지가 포함된 애니메이션을 만들 수 있다. 예를 들어, 정지된 이미지에 바람에 머리카락이 흩날리는 효과를 추가하는 등 단순한 이미지에 움직임을 더할 수 있다.

동영상 편집 및 카메라 컨트롤

Pika Labs는 동영상 생성 후에도 편집 옵션을 제공하여 카메라의 움직임(팬, 틸트, 줌)을 조정하거나 프레임 속도를 설정할 수 있다. 또한, 화면 비율을 16:9, 1:1 등으로 조정할 수 있으며, 동영상의 특정 부분을 선택해 수정하는 'Modify Region' 기능도 지원된다.

립싱크 및 음향 효과

생성된 동영상에서 등장하는 인물의 입 모양과 음성을 정확히 맞추는 립싱크 기능도 제공되며, 여기에 배경음악이나 효과음을 추가해 보다 생동감 있는 영상을 만들 수 있다.

크레딧 기반 시스템

Pika Labs는 크레딧을 사용해 동영상을 생성하며, 무료 사용자에게는 기본적으로 250크레딧이 제공된다. 이후 비디오를 만들 때마다 크레딧이 차감되며, 더 많은 크레딧이 필요할 경우 유료 구독을 통해 추가 크레딧을 얻을 수 있다.

• Pika Labs 동영상 생성 방법

텍스트 기반

사용자는 생성하고자 하는 이미지에 대한 설명을 텍스트 프롬프트로 입력한다. Pika Labs 역시 한글로 프롬프트를 입력할 수 있지만 동영상 생성 시 사용자의 의도가 잘 반영되지 않는다. 그러므로 영문 프롬프트 입력을 추천한다.

이미지 삽입

사용자는 자신의 이미지를 업로드하여 기존의 이미지를 기반으로 새로운 이미지를 생성하거나 영상으로 변환하는 작업을 요청할 수 있다. 프롬프트 입력창 하단의 세 개의 버튼 중 세부 조정 버튼을 통해 네거티브 프롬프트(Negative prompt)와 시드(Seed) 번호를 입력할 수 있다. 또한, 'Consistency with the text' 옵션을 통해 이미지나 영상이 사용자가 입력한 텍스트 설명과 얼마나 일치해야 하는 지를 설정할 수 있다. 기본값은 12로 설정되어 있으며, 5~25까지 조절할 수 있다.

CapCut(캡컷) www.capcut.com

CapCut 홈페이지(www.capcut.com)에 접속 회원 가입을 하지 않고도 대부분의 기능을 사용할 수 있다. 따라서 복잡한 가입 절차 없이 바로 영상 편집을 시작할 수 있는 점이 큰 장점이다. 회원 가입을 진행하는 경우 기존 사용하던 이메일이나 구글(Google) 계정, 틱톡(Tiktok), 페이스북(Facebook) 계정으로 진행할 수 있다.

• 주요 특징

사용자 친화적인 인터페이스

CapCut은 초보자도 쉽게 사용할 수 있는 직관 적인 인터페이스를 제공한다. 타임라인 기반의 편집, '드래그 앤 드롭'을 통한 영상 및 오디오 파일 추가 등 사용자가 편리하게 작업할 수 있도록 설계되었다.

다양한 편집 기능

컷 편집, 자막 삽입, 이미지 및 음악 추가, 배경 음악 삽입 등 기본적인 편집 기능부터 자동 자막 생성, 배경 제거 등 고급 기능까지 포괄적으로 제공한다.

언어 및 폰트 지원

다양한 언어 및 폰트를 지원하여 전 세계 사용자들이 자신의 언어로 편집할 수 있게 한다. 상업적으로 사용 가능한 폰트도 포함되어 있어 사용자가 더 많은 선택지를 갖게 된다.

CapCut 사용 방법

CapCut은 브라우저 기반으로 사용할 수 있고, 모바일 안드로이드와 iOS 기기 모두에서 사용 가능하다. 사용자는 자신의 스마트폰이나 태블릿의 앱 스토어에서 CapCut을 검색하여 다운로드 및 설치할 수 있다. PC 사용자의 경우 공식 웹사이트에서 윈도우용과 맥용 CapCut을 다운로드할 수 있다.

• CapCut의 AI 기능

클립을 동영상으로 자동 제작

사용자가 클릭 한 번으로 미디어 클립을 동영상으로 변환할 수 있다. 이는 클립을 자동으로 영상 시퀀스로 배열하고 기본적인 편집을 수행하여 신속하게 동영상을 제작한다.

디자인할 텍스트

사용자는 단어나 이미지를 사용하여 개인화된 텍스트 디자인을 만들 수 있다. 이는 타이틀, 자막, 그래픽 디자인 등에 활용될 수 있다.

긴 동영상을 짧은 동영상으로 변환

한 개의 긴 동영상을 분석하여 여러 개의 짧은 바이럴 동영상으로 분할하는 작업을 할 수 있다. 이는 주목을 끄는 콘텐츠를 생성하는 데 유용하다.

AI 모델 사용

AI 기술을 이용해 모델이 옷을 입는 시뮬레이션을 하거나 제품 이미지를 생성할 수 있다. 이는 패션 및 제품 프리뷰에 적합하다.

제품 사진 배경 교체

제품의 사진에 대해 현재 배경을 교체할 새로운 배경을 AI가 자동으로 생성한다. 이를 통해 제품의 비주얼을 개선하고 맞춤형 배경을 사용할 수 있다.

광고 스크립트 생성

틱톡 광고에 적합한 전환율이 높은 스크립트를 AI가 제안한다. 이 기능은 광고 제작자들이 효과적인 광고 콘텐츠를 더 쉽게 만들 수 있도록 돕는다.

• 클립을 동영상으로 자동 제작

1. 미디어 업로드: 사용할 동영상을 업로드한다.
2. 동영상 보기: 길이와 비율을 설정하고 생성한다.
3. 편집 및 내보내기: 생성된 동영상을 수정하고 싶은 경우 '더 편집하기'를 클릭하여 편집을 진행하고, 수정할 것이 없는 경우 저장한다. 만약 다시 같은 클립으로 다른 버전의 템플릿을 적용하고 싶은 경우 1단계 미디어 업로드로 돌아가여 한 번 더 과정을 반복한다.

자동 제작한 동영상 편집하기 자동 제작한 동영상을 편집할 때는 CapCut에서 제공하는 템플릿, 라이브러리 동영상, 사진을 이용할 수 있다. 이때 기존에 제작에 사용되었던 동영상 또는 이미지 소스를 교체할 수 있다. 단, 이때 템플릿에 따라 이미 적용되어 있는 글씨의 스타일이나 오디오는 변환이 안 될 수 있다. CapCut에서는 동영상 편집을 위한 다양한 기능을 제공한다.

• 동영상 편집 기능

자동 자막 추가

영상에 나레이션 또는 대화가 포함되어 있는 경우, 자동 자막 기능을 사용하여 말하는 내용을 자막으로 변환할 수 있다. 이 기능은 편집 화면의 '텍스트' 옵션 아래에서 '자동 캡션'을 선택하여 사용할 수 있다.

배경 제거

영상 또는 이미지에서 주인공 또는 특정 객체만을 강조하고 싶은 경우, '오려내기' 기능을 사용하여 배경을 자동으로 제거할 수 있다. 이 기능은 이미지 또는 영상 클립을 선택한 후 '오려내기' 옵션을 사용하여 적용할 수 있다.

음악 추가

영상에 배경음악이나 사운드 이펙트를 추가하려면 '오디오' 섹션을 방문하여 사용할 수 있는 다양한 음악과 사운드 이펙트 중에서 선택하거나, 자신의 기기에서 오디오 파일을 가져와 추가할 수 있다.

자막 추가 및 스타일링

'텍스트' 기능을 사용하여 영상에 자막을 추가할 수 있으며 다양한 폰트, 크기, 색상을 조정하여 자막의 스타일을 개인화할 수 있다. 또한, 자막의 위치를 조정하거나 배경을 추가하여 가독성을 높일 수 있다.

영상 및 이미지 추가

영상 편집 중에 추가적인 영상 클립이나 이미지를 삽입하고 싶은 경우 '미디어' 섹션을 통해 해당 파일을 타임라인에 드래그 앤 드롭하여 추가할 수 있다. 이를 통해 영상에 더 많은 콘텐츠와 시각적 요소를 포함할 수 있다.

스크립트를 읽어줄 목소리가 필요할 땐 - AI 성우 사용 방법

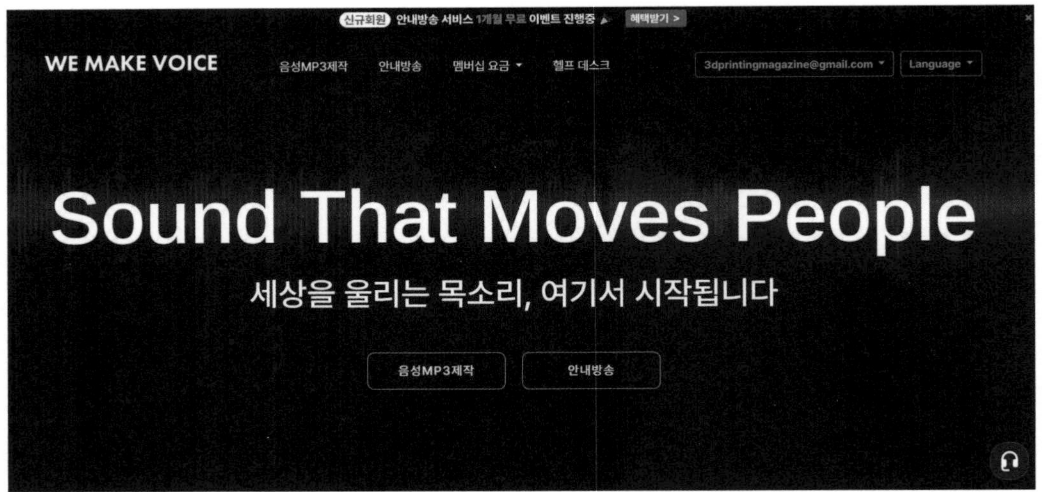

WE MAKE VOICE(위 메이크 보이스) www.wemakevoice.com

WE MAKE VOICE는 고도로 발전된 TTS(Text-to-Speech) 기술을 활용하여 사용자가 입력한 텍스트를 실시간으로 자연스러운 음성으로 변환하는 서비스이다.

이 플랫폼은 다양한 언어와 목소리 옵션을 제공하며, 특히 사용자가 직접 음성 파일과 안내 방송용 오디오를 제작할 수 있는 기능을 갖추고 있다. 사용자는 WE MAKE VOICE 웹사이트(https://www.wemakevoice.com/)에서 휴대전화 본인 인증을 통해 회원 가입을 할 수 있다. 회원 가입을 하지 않더라도 무료 회원과는 동일한 기능을 사용할 수 있다.

• WE MAKE VOICE의 특징

다양한 언어와 목소리 지원

사용자는 49개국 언어와 다양한 음성을 사용할 수 있다. 유료 구독을 하지 않는다면, 이중 무료로 제공되는 음성을 사용해 볼 수 있다.

멤버십 옵션

무료 멤버십은 매일 5,000자의 음성을 생성할 수 있으며, 추가 기능이나 더 많은 문자 생성을 원할 경우 다양한 유료 멤버십 옵션을 이용할 수 있다.

상업적 사용 가능

상업적 용도로의 사용은 특정 유료 멤버십에서만 허용되며, 해당 멤버십을 통해 생성된 음성은 정기 결제 해지 후에도 영구적으로 사용할 수 있다.

1. 언어 & AI 음성 선택

홈페이지 상단의 '음성 MP3 제작 서비스'를 클릭한다. 제공되는 음성 중 원하는 음성과 언어를 선택한다. AI 음성 중 재생 표시가 파란색인 경우는 '남성' 목소리이며, 빨간색인 경우는 '여성'의 목소리이다. 무료 회원의 경우 AI 음성 선택 시 노란색 왕관 표시가 없는 상단의 7가지 음성을 무료로 사용할 수 있다.

2. 내용 입력

원하는 언어로 내용을 작성한다. 텍스트는 명확하고 정확하게 입력하여 AI가 정확한 발음을 할 수 있도록 한다. 글자수는 5천 자 미만으로 작성할 수 있으며 이때 텍스트 내에 특수문자는 마침표, 쉼표, 물음표만 사용이 가능하다.

3. 음성 생성

‘음성 생성’ 버튼을 클릭하여 입력한 텍스트를 음성으로 변환한다. 생성된 음성 파일은 ‘다시 듣기’를 통해 재생해 볼 수 있으며, 만족스러운 경우 ‘MP3 다운’을 선택하여 컴퓨터나 다른 디바이스에 저장할 수 있다. AI가 텍스트를 처리하고 음성 파일을 생성한다. 단축키 Ctrl+Enter로 음성을 생성할 수 있고, Alt+z로 다운로드가 가능하다. WE MAKE VOICE의 ‘안내방송’ 기능을 이용하는 방법은 다음과 같다.

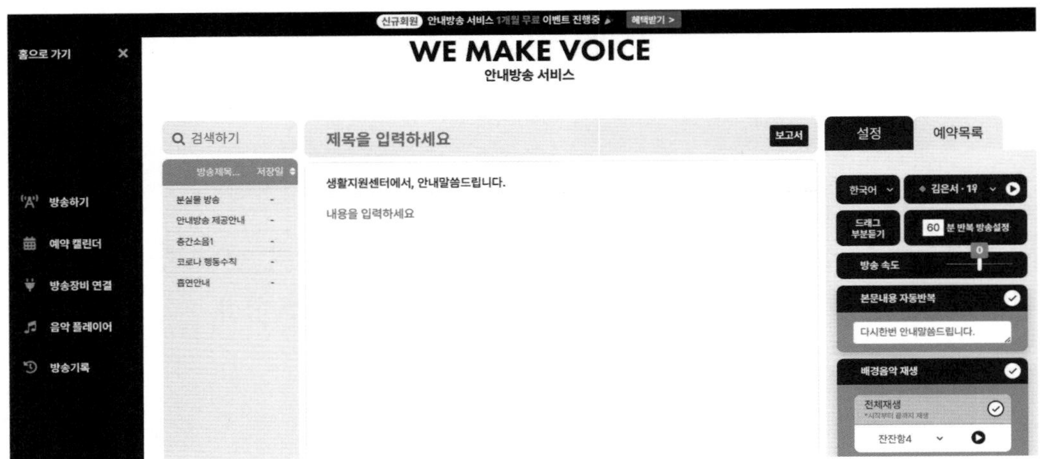

1. 안내방송 유형 설정

홈페이지 상단의 ‘안내방송 서비스’를 클릭한다. 홈페이지의 왼쪽 사이드바에서 ‘방송하기’ 옵션을 선택하여 안내방송 서비스 제작 화면으로 진입한다. 방송 유형을 선택한다. 유형에는 분실물 방송, 안내 방송, 층간 소음, 코로나 행동 수칙, 흡연 안내 등의 카테고리가 있으며, 각각에 대한 예시 내용이 제공된다.

2. 음성 설정 멘트

음성 설정 멘트를 새롭게 작성하거나 삭제할 수 있다. 제목, 시작 멘트, 본문 내용, 마무리 멘트로 구분되어 있어 해당 부분에 맞게 작성한다. 설정에서 언어와 목소리를 선택하고, 필요에 따라 부분 듣기, 반복 설정, 방송 속도, 배경 음악 등을 설정할 수 있다. 방송을 진행하고자 하는 멘트를 선택한 후 초록색 '방송하기' 버튼을 눌러 음성을 들어볼 수 있다. 배경음을 설정하여 전체적으로 또는 일부분만 재생할 수 있으며, 이는 '방송하기' 화면 의 설정에서 조정할 수 있다. 정기적으로 방송해야 하는 안내 사항이 있는 경우, 예약 기능을 통해 원하는 시간에 자동으로 방송하도록 설정할 수 있다. 이 기능은 유료 결제를 통해 이용할 수 있다. 방송을 특정 시간에 자동으로 진행하고 싶다면 '예약 캘린더'를 이용하여 방송 예약 날짜와 시간을 설정한다. 이때 예약된 시간에 컴퓨터가 켜져 있고 WE MAKE VOICE 페이지가 활성화되어 있어야 한다. 방송이 진행된 기록은 '방송 기록'에서 확인할 수 있으며, 설정한 방송 내용은 멘트별로 저장하여 사용할 수 있다.

자연스러운 방송을 위한 프롬프트 입력 방법 내용을 입력할 때에는 마침표, 쉼표, 띄어쓰기를 꼭 사용하고, 쉼표를 적절히 자주 사용하면 내용이 명확해진다. 특수문자는 마침표, 쉼표, 물음표만 사용 가능하다.

typecast 서비스 소개 플랜안내 사용가이드 고객문의 기업문의 로그인 회원가입 한국어

세상에서 가장 쉬운
콘텐츠 제작 툴
타입캐스트

아이디어만 있다면 AI가 콘텐츠를 만들어줘요.

타입캐스트 무료체험하기 → 기업문의

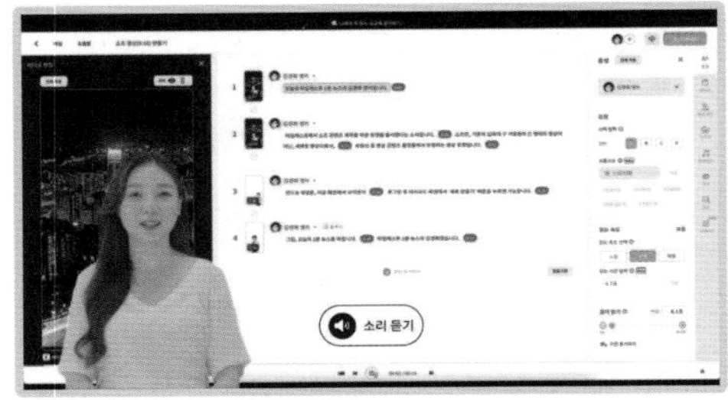

typecast(타입캐스트) www.typecast.ai/

typecast는 사용자가 텍스트를 입력하면 다양한 감정과 톤으로 자연스러운 음성을 생성할 수 있는 인공지능 기반의 서비스이다. 이 서비스는 다양한 캐릭터의 음성으로 콘텐츠를 제작할 수 있으며, 기쁨, 슬픔, 화남 등 다양한 감정 표현이 가능하고, 말의 속도와 배경 음악도 사용자가 원하는 대로 조절할 수 있다. typecast는 무료와 유료 멤버십 옵션을 제공한다.

무료 멤버십 사용자는 개인 용도로만 사용이 가능하며, 출처 표기가 필수이다. 상업적 용도로 사용 하고자 하는 경우 또는 추가 기능을 원하는 사용자는 유료 멤버십으로 전환해야 한다. 유료 멤버십은 다양한 서비스 범위와 추가 기능을 제공한다.

• 사용 방법

사용자는 typecast 홈페이지(https://typecast.ai/kr)에서 페이스북(Facebook), 구글(Google) 계정 또는 이메일을 통해 간단하게 회원 가입을 할 수 있다. 회원 가입

을 하지 않더라도 일부 기능에 대해 사용해 볼 수 있으며, 회원 가입 이후 무료로 다운로드한 음성은 개인용 온라인 게시 목적으로만 사용 가능하며 반드시 출처를 표기해야 한다.

typecast 음성 기능 사용 방법

'새로 만들기' 버튼을 클릭하여 새 프로젝트를 생성한다. 이후 프롬프트에 텍스트를 입력한다. 입력한 텍스트를 누가 읽을지, 어떻게 읽을지 성우와 감정, 톤을 선택한다.

감정 톤

해당 텍스트를 어떤 감정(기쁨, 슬픔, 화남 등)과 톤으로 읽게 할지 선택할 수 있다. 이를 통해 생성되는 음성은 콘텐츠의 분위기에 더욱 잘 맞게 조정될 수 있다.

감성 프롬프트

원하는 감정이 없다면 감정을 직접 입력하여 사용할 수도 있다. 예를 들어, '많이 서운한 듯', '명료하게', '귀찮은 듯'과 같은 감정을 입력하여 목소리에 적용할 수 있다.

읽는 속도

사용자는 생성되는 음성의 속도를 빠르게 하거나 느리게 조절할 수 있어 음성의 자연스러움을 더욱 강조할 수 있다. 또한, 읽는 시간을 입력하여 속도를 조절할 수 있다.

끊어 읽기

문장과 문장 사이에 어떻게 끊어 읽을지 0.1초 단위로 설정할 수 있다. 구간 추가하기 기능을 통해 세부 설정이 가능하다. 이 외에도 유료 구독을 통해 문장의 끝음을 올리거나 내리거나, 음성이 재생되는 속도를 조절하거나, 음성의 높낮이를 결정하는 피치 등을 설정할 수 있다. 제작이 완료된 후, 사용자는 오디오 파일 또는 비디오 파일을 원하는 형식으로 다운로드할 수 있다. 이 과정을 통해 쉽게 콘텐츠를 완성하고 배포할 수 있다.

• typecast 세부 설정 기능

배경 변경

콘텐츠 제작 시, 사용자는 자신이 원하는 이미지로 배경을 변경 하여 캐릭터와 함께 사용할 수 있다.

자막 및 화면 전환 추가

영상 제작 과정에서 필요한 자막을 쉽게 추가하고, 다양한 화면 전환 효과를 사용하여 더욱 전문적인 콘텐츠를 제작할 수 있다.

다양한 캐릭터 선택

200여 명이 넘는 다양한 캐릭터 중에서 콘텐츠에 맞는 캐릭터를 선택하여 사용할 수 있다. 이는 콘텐츠의 다양성과 풍부함을 더해 준다.

음악 추가

유료 멤버십 사용자는 생성된 음성에 배경 음악을 추가할 수 있다. 이를 통해 콘텐츠에 감정적인 깊이를 더하거나 분위기를 조성할 수 있다.

typecast 음성 사용 시 출처 표기

무료 플랜으로 typecast를 사용하는 경우 '설명 문구', '콘텐츠 제작에 사용된 캐릭터 이름', '타입 캐스트 홈페이지 URL'을 표기해야 한다. 설명 문구는 '이 콘텐츠는 인공지능 가상 연기자 서비스, typecast를 활용하여 제작되었다.'라는 홈페이지에서 명시한 문구를 사용해야 하며, 캐릭터는 콘텐츠 제작에 사용된 캐릭터의 이름을 모두 적어야 한다.

• AI 음성 활용 방법

팟캐스트 또는 오디오북 제작

다양한 언어와 목소리를 활용하여 팟캐스트나 오디오북을 제작할 수 있다. 특히 여러 언어로 제작하여 글로벌 청중에게 도달할 수 있다.

교육 자료 제작

교육 콘텐츠에 음성 설명을 추가하여 학습 효과를 높일 수 있다. 특히 외국어 학습 자료에 다양한 언어와 목소리를 활용할 수 있다.

온라인 강의 및 웹 세미나

강의나 프레젠테이션 자료에 인공지능 캐릭터를 도입하여 참여자의 관심을 유도하고 학습 효과를 높일 수 있다.

다문화 교육 자료 제작

다양한 언어와 목소리를 제공함으로써 글로벌 대상의 교육 자료 제작에 용이하다.

Mubert(뮤버트) www.mubert.com

Mubert는 사용자가 원하는 장르나 테마를 선택하여 자동으로 AI 음악을 생성한다. 사용자는 복잡한 음악 제작 과정이나 전문 장비 없이도 단 몇 번의 클릭으로 고품질의 음악을 생성할 수 있다. 이 도구는 특히 유튜브 채널 운영자나 콘텐츠 제작자들에게 유용하게 사용된다. 빠르고 간편하게 배경 음악이나 독립적인 음악 트랙을 만들 수 있기 때문이다.

Mubert는 무료 사용이 가능하지만 일부 제한이 있다. 예를 들어, Mubert를 무료로 사용할 경우 생성된 음악을 다운로드할 때 사용자의 유튜브 채널 주소를 기입해야 하거나, 제작 문구를 설명란이나 고정 댓글에 명시해야 한다.

• 사용 방법

Mubert는 브라우저 기반으로 음악을 생성하며, 공식 웹사이트(www.mubert.com)에 방문하여 기능을 이용할 수 있다. 기본적인 기능은 회원 가입 없이도 이용할 수 있지만, 다운로드를 하기 위해서는 회원 가입이 필요하다. 회원 가입은 사용자의 이메일이나 구글(Google) 계정, 페이스북 (Facebook) 계정을 연동해 가입할 수 있다. 트랙을 생성하여 미리 듣기할 때는 오디오에 워터마크가 포함되지만, 컴퓨터에서 트랙을 다운로드하면 워터 마크는 사라진다.

1. 프롬프트 입력

텍스트나 이미지로 생성하고 싶은 음악의 프롬프트를 입력하고 음악의 유형을 설정한다. 이때 텍스트는 영문 입력만 가능하다. 텍스트나 이미지가 없다면 Mubert 에서 제공하는 장르, 분위기, 활동 중 원하는 음악에 관련된 키워드를 선택하여 음악을 생성할 수 있다.

장르: 앰비언트, 디스코, 포크, 재즈, 힙합 등의 장르를 선택한다.
분위기: 재미있는, 차분한, 섹시한, 영웅적인, 슬픈 등의 분위기를 선택한다.
활동: 집중, 게임, 수명, 스포츠 등 활동에 맞는 음악을 선택한다. 또, 만들고 싶은 음악의 URL을 첨부하여 음악을 생성할 수 있다.

2. 음악 길이 설정

음악의 장르를 선택한 후, 음악의 길이를 설정할 수 있다. 기본 설정은 일반적으로 45초이지만, 사용자는 이를 조정하여 원하는 길이의 음악을 생성할 수 있다. 예를 들어, 3분 또는 그 이상의 길이로 설정할 수 있다. 장르와 길이 설정 후, '트랙 생성(Generate Track)' 버튼을 다시 클릭한다. 이 버튼을 클릭하면 Mubert의 AI가 사용자가 선택한 조건에 맞는 음악을 생성하기 시작한다. 생성 과정은 몇 초에서 몇 분 정도 소요될 수 있다.

3. 음악 리뷰 및 다운로드

음악이 생성되면, 사용자는 미리 듣기를 통해 생성된 음악을 확인할 수 있다. 만약 음악이 마음에 들지 않는다면, 번개 모양 아이콘 옵션을 선택하여 다른 스타일의 음악으로 재생성할 수 있다. 최종적으로 만족스러운 음악이 생성되면, 이를 다운로드하여 사용할 수 있다.

Mubert의 차별화된 점은 사용자 친화적인 인터페이스와 간편한 음악 생성 프로세스를 제공하는 점에서 다른 AI 음악 생성 도구와 차별화된다. 사용자는 복잡한 음악 제작 지식이 없어도 몇 번의 클릭만으로 고품질의 사용자 맞춤형 음악을 생성할 수 있다. 또한, Mubert는 다양한 장르와 세부 설정 옵션을 제공함으로써 사용자가 더욱 구체적이고 다양한 스타일의 음악을 탐색하고 생성할 수 있도록 한다. 이런 점에서 Mubert는 사용자가 직접 음악을 생성하고 실험하는 과정을 간소화함으로써 음악 창작의 장벽을 낮추고 창의적인 실험을 촉진하는 도구로 사용된다.

• Mubert 생성 음악 활용 방법

브이로그·여행 영상

자연스러운 분위기를 연출하거나 여행지의 분위기를 전달하는 데 적합한 배경 음악을 제공한다.

교육 및 튜토리얼

주제에 맞는 배경 음악을 사용하여 시청자의 집중도를 높이고, 학습 분위기를 조성한다.

오프닝·클로징 음악

팟캐스트나 라디오 방송의 시작과 끝에 매력적인 음악을 사용하여 청취자에게 인상적인 첫인상과 마지막 인상을 남길 수 있다.

분위기 조성

대화나 인터뷰 중간에 삽입되는 음악으로 분위기 전환을 도와주고, 청취자의 흥미를 유지하는 데 사용할 수 있다.

게임 내 배경 음악

게임의 다양한 장면이나 레벨에 맞는 배경 음악을 제공하여 게임 플레이의 몰입도를 높이는 데 활용한다.

매장 및 공간 분위기 조성

카페, 레스토랑, 쇼핑몰 등의 공간에서 배경 음악으로 사용하여 고객에게 쾌적하고 기억에 남는 환경을 제공하는 데 사용한다.

예술 작품 및 개인 포트폴리오

개인적인 예술 프로젝트나 포트폴리오에 배경 음악을 추가하여 작품의 분위기를 강화하고, 창의성을 돋보이게 하는 데 사용한다.

ElevenLabs(일레븐랩스) www.elevenlabs.io/

ElevenLabs는 인공지능(AI) 기반 음성 생성 플랫폼으로, 주로 텍스트를 자연스러운 음성으로 변환하는 TTS(Text-to-Speech) 기술을 제공한다. 이 플랫폼은 다양한 목소리 스타일과 언어를 지원하며, 음성을 생성할 때 감정과 억양을 추가하여 실제 사람과 유사한 음성을 구현하는 데 초점을 맞추고 있다.

- **주요 기능**

TTS(Text-to-Speech)

사용자가 텍스트를 입력하면 AI가 해당 내용을 음성으로 변환해 주는 기능이다. ElevenLabs는 이 과정에서 감정과 톤을 조정할 수 있어 더 자연스럽고 생동감 있는 음성을 제공한다. 이는 여러 언어와 다양한 목소리로 설정이 가능하며, 한국어도 지원한다.

Voice Cloning

사용자의 목소리를 학습하여 복제하는 기능으로, 이 복제된 목소리를 통해 텍스트를 음성으로 출력할 수 있다. 콘텐츠 크리에이터들은 이를 이용해 더 개인화된 음성 콘텐츠를 제작할 수 있다. 하지만 이 기능은 유료 구독 플랜에서만 사용할 수 있다.

음성 설정 및 커스터마이징

음성의 안정성(Stability), 명확성(Clarity), 스타일 과장성(Style Exaggeration) 등을 세부적으로 조정하여 생성된 음성의 톤, 피치, 속도 등을 맞춤 설정할 수 있다. 이를 통해 사용자들은 필요에 맞는 맞춤형 음성을 만들 수 있다.

Speech-to-Speech

기존 음성을 다른 목소리로 변환하는 기능으로, AI가 입력된 음성을 분석한 뒤 다른 스타일의 목소리로 출력할 수 있다.

• AI 목소리 사용 기능

보이스 라이브러리(Voice Library)

이미 만들어진 다양한 목소리를 탐색하고 사용할 수 있다. 이 라이브러리에서는 여러 언어와 스타일의 목소리를 제공한다.

보이스 디자인(Voice Design)

사용자는 새로운 목소리를 디자인할 수 있다. 이 기능은 주로 영어 목소리 생성에 사용된다.

프로페셔널 보이스 클로닝(Professional Voice Cloning)

유료 사용자를 위한 세부 조정 기능이다. 더욱 정교하고 전문적인 목소리 클로닝이 가능하다. ElevenLabs에서는 사용자의 목소리를 AI 목소리로 제작하여 자신의 목소리가 필요한 콘텐츠에 사용할 수 있다.

사용자의 목소리로 AI 목소리 제작하기

ElevenLabs에서는 사용자의 목소리를 바탕으로 AI 목소리를 제작할 수 있다. 사용자는 자신의 목소리가 녹음된 파일을 업로드하고, ElevenLabs의 AI 기술을 통해 자신과 유사한 AI 목소리 클론을 생성할 수 있다. 단, 이 기능은 유료 구독을 통해 '인스턴트 보이스 클로닝(Instant Voice Cloning)' 기능을 사용할 수 있어야만 활용이 가능하다. 이 과정은 간단하며, 사용자는 몇 가지 단계를 거쳐 자신만의 AI 목소리를 만들고 활용할 수 있다.

ElevenLabs 목소리 생성 인스턴트 보이스 클로닝(Instant Voice Cloning) 기능을 사용하여 쉽게 자신의 목소리를 클론할 수 있다. 이를 위해 1분 이상의 자신의 목소리가 녹음된 MP3 또는 WAV 파일을 업로드해야 한다. 파일은 깨끗하고 명확한 목소리를 담고 있어야 하며, '목소리 추가(Add Voice)' 기능을 통해 사용자는 자신의 목소리를 추가할 수 있다. 이후 세부 설정 절차를 거쳐 생성된 목소리는 '다운로드(Download)' 버튼을 클릭하여 컴퓨터에 저장할 수 있다.

• ElevenLabs 목소리 생성 시 세부 설정 절차

음질 및 스타일 조절

생성된 목소리의 '목소리 설정(Voice Settings)'에서는 목소리의 안정성(Stability), 표현력(Expression), 명료성(Clarity) 및 스타일(Style Exaggeration)을 조절할 수 있다. 사용자는 이러한 옵션을 조절하여 원하는 목소리의 특성을 설정할 수 있다.

1부

2부

언어 선택

'Eleven Multilingual Version 2'를 선택하여 다양한 언어로 목소리를 생성할 수 있다. 사용자는 텍스트를 입력하고, 원하는 언어로 변환하여 목소리를 생성할 수 있다. 자신의 목소리를 AI 목소리로 변경하여 다양한 방법으로 활용할 수 있다.

• 사용자의 목소리 활용 방법

콘텐츠 제작

유튜브나 팟캐스트와 같은 오디오 및 비디오 콘텐츠를 제작할 때, 실제로 녹음할 필요 없이 AI 목소리를 사용할 수 있다. 특히 목소리가 필요한 부분을 빠르게 제작하거나, 목소리 상태가 좋지 않을 때 유용하게 사용할 수 있다

오디오북 및 e러닝 콘텐츠

오디오북이나 e러닝 콘텐츠 제작 시, 복잡한 녹음 과정 없이도 자신의 목소리로 직접 내용을 전달할 수 있다. 이를 통해 제작 과정을 간소화할 수 있다.

다국어 지원 콘텐츠 제작

ElevenLabs와 같은 도구를 사용하면, 자신의 목소리로 여러 언어의 콘텐츠를 제작할 수 있다. 이는 글로벌 시장을 타깃으로 한 콘텐츠 제작에 특히 유용하다.

SUNO AI(수노 AI) www.suno.com

SUNO AI는 사용자가 가사와 몇 가지 간단한 지시를 통해 고품질의 음악을 생성할 수 있는 인공지능 도구이다. 이 도구는 다양한 장르와 스타일의 음악을 만들 수 있으며, 사용자가 가사를 직접 입력하거나 AI에 자동으로 생성하도록 요청할 수도 있다. 사용자는 특정한 음악 스타일, 분위기, 악기 사용 등을 지정하여 자신만의 음악을 만들 수 있다. SUNO AI는 텍스트 프롬프트를 통해 사용자가 원하는 스타일의 음악을 자동으로 생성해 주는 인공지능 기반 음악 생성 플랫폼이다. 이 도구는 매우 간단하게 사용할 수 있으며, 사용자는 텍스트로 음악의 장르, 분위기, 길이 등을 입력하면 AI가 이에 맞는 음악을 만들어준다. 예를 들어, "1분 길이의 활기찬 EDM 트랙"이나 "로맨틱한 저녁 식사를 위한 어쿠스틱 기타 음악" 같은 요청을 입력할 수 있다.

• SUNO AI 사용 방법

SUNO AI는 브라우저 기반으로 음악을 생성하며, 홈페이지 (https://suno.com/)에 회원 가입 이후 기능을 사용할 수 있다. 디스코드 (Discord), 구글(Google), 마이크로소프트(Microsoft) 계정을 통해 가입할 수 있다.

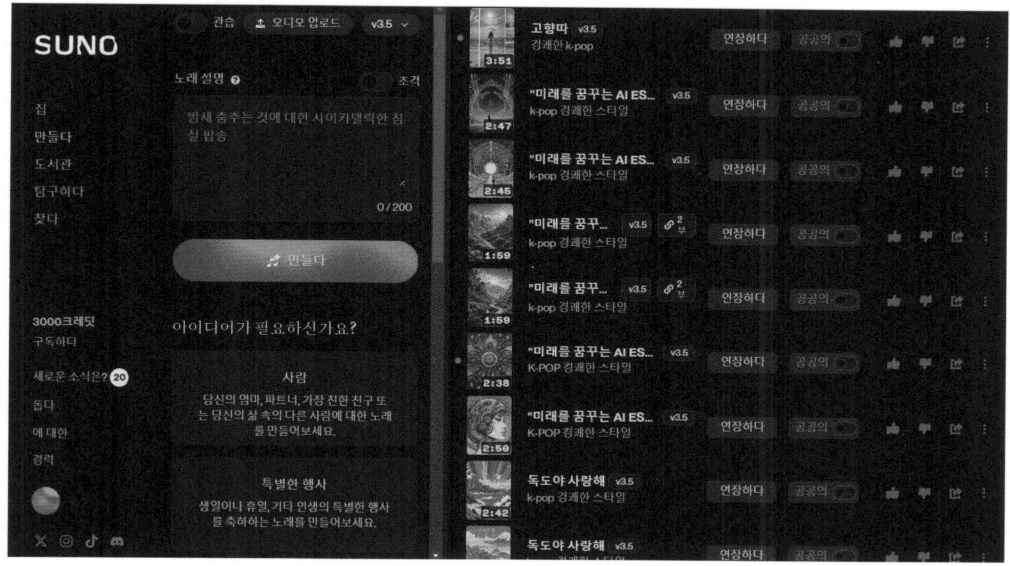

가입 이후 무료 플랜을 사용할 수 있으며, 이 무료 플랜은 일정한 크레딧을 통해 제한된 수의 곡을 생성할 수 있게 해준다. 더 많은 기능이나 곡 생성을 원하는 경우, 유료 플랜을 선택할 수 있다.

1. 가사 입력

홈 화면 왼쪽 사이드바에 '생성(Create)' 버튼을 눌러 음악 생성 페이지로 이동한다.

커스텀 모드(Custom Mode)

사용자 정의 모드로, 사용자가 특정한 스타일, 분위기, 주제를 갖는 곡을 만들고 싶을 때 이 옵션을 활성화한다.

음악 설명(Song Description)

사용자는 자신만의 가사나 음악에 대한 설명을 입력할 수 있다. 예를 들어, 가을날 기분을 좋게 하는 댄스 음악이 필요하다면 '가을날 기분을 좋게 하는 댄스 음악' 또는 'An upbeat dance number for a quiet snowy day'와 같은 프롬프트를 입력하여 음악을 생성할 수 있다. 프롬프트를 한글로 입력하는 경우 한글 가사가, 영문으로 입력하는 경우 영문 가사가 생성된다.

인스트루멘탈(Instrumental) 옵션

사용자가 가사 없이 악기만으로 구성된 음악을 만들고 싶을 때 선택한다. 즉 보컬 트랙 없이 순수하게 악기 소리로만 음악을 생성하려 할 때 활용하는 기능이다.

모델 선택

이것은 SUNO AI의 음악 생성 엔진 버전을 나타난다. 사용자는 'v2'와 'v3' 중에서 선택할 수 있다. Custom Mode를 활성화하면 다양한 설정이 가능해진다.

가사(Lyrics)

사용자는 자신의 생각을 자유롭게 적어 내려갈 수 있다. 만약 생각나는 가사가 없다면 '랜덤으로 가사 만들기(Make Random Lyrics)' 버튼을 사용하여 임의의 가사를 자동 생성할 수 있다. 이 기능은 갑작스런 창의력을 자극할 수 있다.

음악 스타일(Style of Music)

음악의 분위기, 기분, 템포 및 보컬 스타일을 설정한다. 어떤 장르를 선택해야 할지 확실하지 않은 경우 '랜덤으로 스타일 생성하기(Use Random Style)'을 사용하면 무작위로 장르를 제공받을 수 있다.

2. 음악 생성

모든 설정이 완료되면, 사용자는 '생성하기(Create)' 버튼을 클릭하여 AI가 음악을 생성하도록 한다. SUNO AI는 입력된 가사, 선택된 스타일, 그리고 세부 설정을 바탕으로 음악을 생성한다. 생성된 음악은 사용자가 듣고, 다운로드하고, 공유할 수 있다.

• SUNO AI 생성 음악 활용 방법

개인 앨범이나 싱글 제작

자신의 가사와 스타일을 선택하여 개인적인 음악 프로젝트를 생성할 수 있다.

독립 영화나 단편 영상을 위한 사운드트랙 만들기

영화의 장면에 맞게 감정적인 분위기를 조성하는 배경 음악을 만들 수 있다.

광고나 마케팅 비디오에 사용

제품이나 서비스를 홍보하는 영상에 맞춤형 음악을 배경으로 둘 수 있다.

콘텐츠 배경 음악

유튜브(YouTube), 팟캐스트(Podcast) 또는 다른 미디어 도구를 위한 콘텐츠 배경 음악으로 활용할 수 있다.

작곡이나 작사 연습

SUNO AI를 사용하여 다양한 스타일과 장르의 음악을 만들며 작곡 능력을 향상할 수 있다. 유튜브(YouTube), 팟캐스트(Podcast) 또는 다른 미디어 도구를 위한 콘텐츠 배경 음악으로 활용할 수 있다.

작곡이나 작사 연습

SUNO AI를 사용하여 다양한 스타일과 장르의 음악을 만들며 작곡 능력을 향상할 수 있다.

• 주요 기능

음악 생성

SUNO AI는 다양한 장르와 스타일의 음악을 지원하며, 프롬프트 입력을 통해 신속하게 음악을 생성할 수 있다. Custom 모드에서는 곡의 제목, 가사, 스타일을 상세히 설정할 수 있다.

곡 연장 기능

사용자는 생성된 곡의 일부를 선택해 추가 가사를 입력하거나 음악을 연장해 더 긴 곡을 만들 수 있다. 이 기능을 사용해 최대 4분 길이의 음악을 제작할 수 있다.

상업적 이용 가능

Pro 또는 Premier 플랜을 구독하면 생성한 음악을 상업적으로 활용할 수 있다.

• 요금제

Basic 플랜: 무료로 하루 10곡을 생성할 수 있지만, 상업적 이용은 불가능하다.

Pro 플랜: 월 $10로 한 달에 500곡을 생성할 수 있으며, 상업적 사용이 가능하다.

Premier 플랜: 월 $30로 한 달에 2,000곡까지 생성 가능하며, 더 많은 기능을 사용할 수 있다.

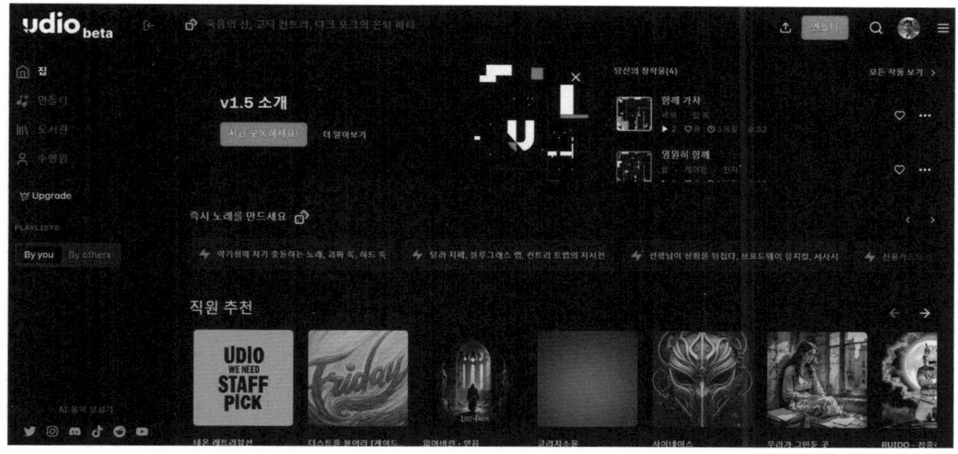

udio(유디오) www.udio.com

udio는 인공지능(AI) 기반의 음악 생성 플랫폼으로, 사용자가 간단한 텍스트 설명을 입력하면 다양한 스타일과 장르의 음악을 자동으로 생성할 수 있는 혁신적인 도구이다. 이 플랫폼은 음악 제작에 필요한 복잡한 작업을 간소화하여 누구나 쉽게 고품질의 음악을 만들 수 있게 해준다.

udio는 AI 음악 생성의 혁신적인 도구로, 다양한 음악적 요구를 충족시키기 위해 고안되었다. 음악 제작에 경험이 없는 사용자도 간단한 텍스트 입력만으로 고품질의 음악을 쉽게 만들 수 있으며, 인페인트, 리믹스, 오디오 업로드 등의 고급 기능을 통해 창의적인 작업을 확장할 수 있다.

• 주요 기능

텍스트 기반 음악 생성

udio는 사용자가 원하는 음악의 장르, 분위기, 스타일 등을 텍스트로 설명하면, 이를 바탕으로 음악을 즉시 생성한다. 예를 들어 "90 BPM의 힙합 비트"나 "서정적인 오케스트라 음악" 같은 간단한 프롬프트만으로도 완성도 높은 곡을 만들 수 있다. 이렇게 생성된 곡은 사용자에게 완전히 새로운 음악으로 제공된다.

리믹스 및 확장

udio는 이미 생성된 곡에 새로운 요소를 추가하거나, 기존 곡을 확장하는 기능을 제공한다. 사용자는 음악의 특정 부분을 수정하거나 더 많은 가사와 악기 요소를 추가하여 곡을 확장할 수 있다. 이렇게 곡을 리믹스하거나 확장함으로써 다양한 버전의 음악을 쉽게 만들 수 있다.

인페인트(Inpaint) 기능

udio의 인페인트 기능은 곡의 특정 부분만 수정할 수 있게 해준다. 예를 들어, 사용자는 가사나 특정 악기의 부분만 바꾸고 나머지 곡은 그대로 유지할 수 있다. 이 기능은 음악의 특정 부분만 집중적으로 편집하고 싶은 경우에 유용하며, 세부적인 편집이 가능하다.

오디오 업로드

udio는 사용자가 자신의 오디오 클립을 업로드하여 AI가 이를 기반으로 음악을 생성할 수 있도록 지원한다. 이 기능을 통해 사용자는 자신만의 독창적인 음악을 만들 수 있으며, 업로드한 오디오를 기반으로 곡을 확장하거나 AI의 도움을 받아 완성도 높은 음악으로 발전시킬 수 있다.

커버 아트 생성 및 편집

udio는 AI를 활용하여 생성된 음악의 커버 아트를 제작하는 기능도 제공한다. 사용자는 직접 커버 아트를 수정하거나, AI가 자동으로 생성한 아트를 사용할 수 있다.

• 요금제 및 서비스 제공

udio는 기본적으로 무료로 이용할 수 있지만, 프리미엄 기능을 사용하려면 유료 구독이 필요하다. 유료 구독을 통해 사용자는 더 많은 곡을 생성하고, 자신의 오디오 파일을 업로드하거나 상업적 용도로 생성된 음악을 사용할 수 있다. 특히 유료 구독에서는 오디오 업로드 기능을 통해 사용자가 직접 만든 오디오를 AI가 확장하거나 편집해 주는 기능이 활성화된다.

• 활용 예시

udio를 사용하면 다양한 장르의 음악을 쉽게 생성할 수 있다. 예를 들어 "서스펜스 넘치는 오케스트라 음악"이나 "로맨틱한 어쿠스틱 기타 음악" 같은 프롬프트를 입력하면 AI가 해당 스타일에 맞는 음악을 만들어준다. 또한, 사용자가 직접 가사를 작성하고, 이를 바탕으로 곡을 제작하는 것도 가능하다.

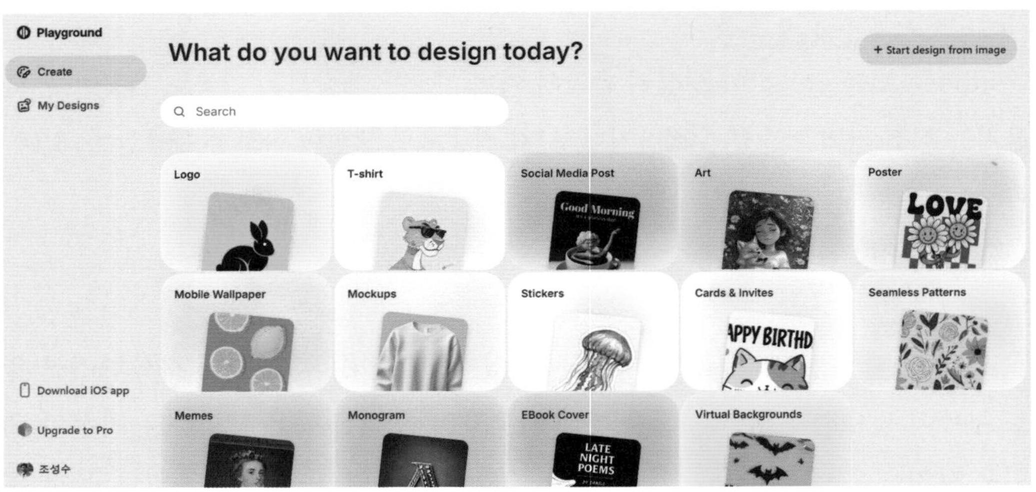

Playground AI(플레이그라운드 AI) www.playground.com/create

Playground AI는 사용자가 쉽게 인공지능(AI) 기반의 이미지 생성 도구를 활용할 수 있도록 만들어진 웹 기반 플랫폼이다. 이 플랫폼은 간단하고 직관적인 인터페이스를 통해 AI 기술을 활용한 이미지 제작과 편집을 가능하게 한다. Playground AI는 주로 딥러닝 기술과 생성적 적대 신경망(GAN) 등을 사용해 다양한 스타일의 이미지를 생성하며, 텍스트 설명을 바탕으로 이미지를 자동으로 생성하는 기능을 제공한다.

1부

2부

텍스트 기반 이미지 생성

Playground AI는 사용자가 입력한 텍스트 설명에 기반하여 이미지를 자동으로 생성한다. 사용자는 특정 스타일이나 테마를 텍스트로 입력할 수 있으며, AI가 이를 분석하여 해당하는 이미지를 만들어준다. 이는 주로 자연어 처리(NLP)와 컴퓨터 비전 기술을 결합하여 작동한다.

다양한 스타일 옵션

사용자는 다양한 미술적 스타일이나 테마를 선택하여 원하는 이미지의 외형과 느낌을 조정할 수 있다. 예를 들어 회화, 사진, 만화, 추상화 등 여러 스타일을 선택하여 결과물을 다르게 표현할 수 있다.

이미지 편집 기능

생성된 이미지를 사용자가 추가로 편집할 수 있는 기능도 제공한다. 이 기능은 텍스트 프롬프트를 수정하거나, 특정 요소를 추가 또는 제거하는 등 사용자가 원하는 대로 결과를 세부 조정할 수 있게 해준다.

사용자 친화적인 인터페이스

Playground AI는 이미지 생성 과정을 매우 단순화하여, 비전문가나 초보자도 쉽게 사용할 수 있는 직관적인 인터페이스를 제공한다. 이를 통해 복잡한 기술적 지식 없이도 AI를 활용한 창작 활동이 가능하다.

크리에이티브 콘텐츠 제작

Playground AI는 창작자들이 다양한 콘텐츠를 쉽게 제작할 수 있도록 도와준다. 예술가, 디자이너, 마케팅 전문가 등이 간단한 텍스트 설명만으로 고퀄리티의 시각 자료를 빠르게 만들 수 있어 창작 과정의 시간과 노력을 절약할 수 있다.

• **사용 사례**

그래픽 디자인

포스터, 웹 디자인, 소셜 미디어 이미지 등 다양한 시각 콘텐츠 제작에 활용된다.

예술 창작

디지털 예술가들이 AI를 통해 창의적인 작품을 제작할 수 있다.

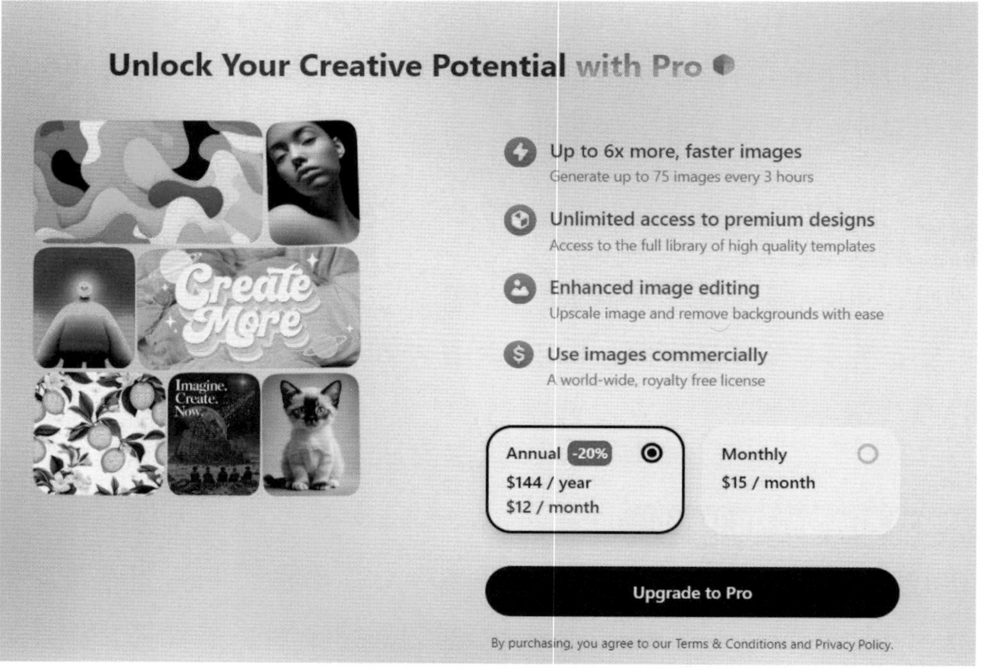

마케팅 및 광고

텍스트 설명만으로 광고 및 마케팅 캠페인에 적합한 이미지를 빠르게 생성할 수 있다.

게임 및 애니메이션

캐릭터 디자인이나 배경 이미지 제작 등에도 활용될 수 있다.

Playground AI는 생성적 적대 신경망(GAN), 변환기 모델(Transformer) 등 최신 AI 기술을 바탕으로 이미지를 생성한다. 이 기술들은 AI가 학습한 대규모 데이터세트를 활용해 특정 텍스트 입력에 맞는 이미지를 만들어내는 방식이다.

Playground AI는 특히 창의적인 프로젝트에서 시간과 리소스를 절약하고, 다양한 아이디어를 빠르게 시각화하는 데 도움을 주는 도구로, 디지털 예술과 콘텐츠 제작 분야에서 점점 더 주목받고 있다.

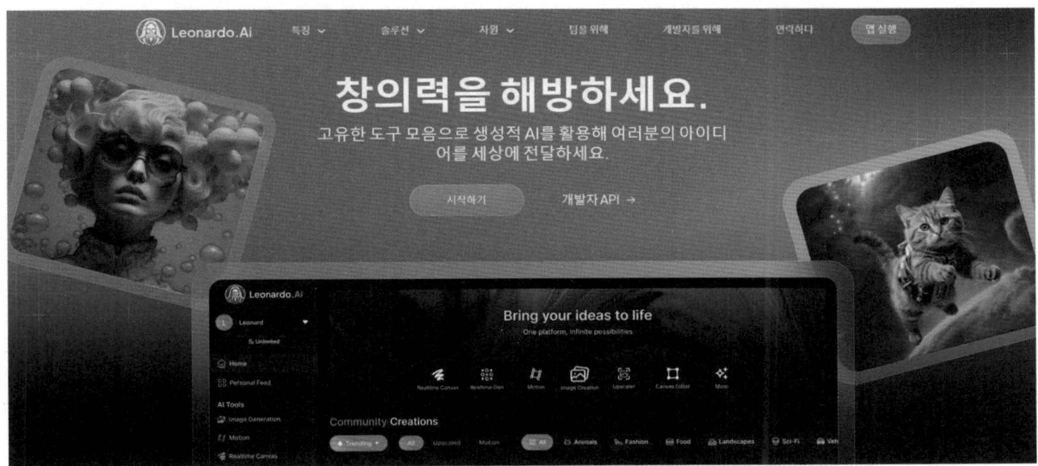

Leonardo.AI(레오나르도.Ai) www.leonardo.ai/

Leonardo.AI는 인공지능을 기반으로 한 이미지 생성 및 디자인 플랫폼으로, 특히 크리에이터와 디지털 아티스트들을 위해 설계되었다. 이 플랫폼은 주로 텍스트 프롬프트를 입력하면 그에 맞는 이미지를 자동으로 생성하는 기능을 제공한다. 이를 통해 사용자는 창의적 아이디어를 시각화하고, 다양한 예술적 스타일을 시도할 수 있다.

• Leonardo.AI의 주요 기능

텍스트 기반 이미지 생성

Leonardo.AI는 사용자가 텍스트 설명을 입력하면 그에 맞는 이미지를 생성한다. 예를 들어 "환상적인 숲속 장면"과 같은 텍스트를 입력하면 AI가 해당 설명을 기반으로 이미지를 만들어낸다. 이 기능은 인공지능의 자연어 처리(NLP)와 이미지 생성 알고리즘을 결합하여 작동한다.

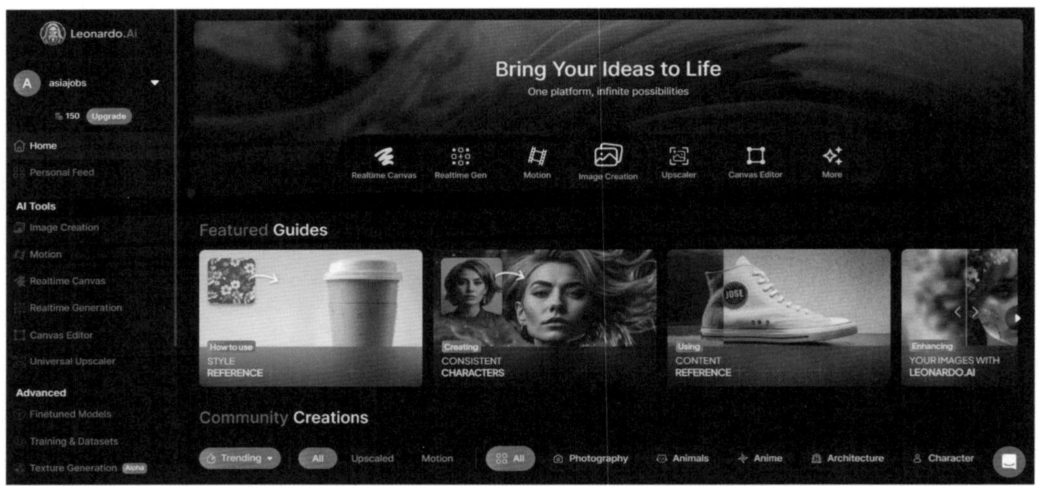

스타일화된 이미지

사용자는 특정 예술적 스타일, 분위기, 색감 등을 적용할 수 있다. 사용자는 사진, 회화, 3D 아트, 만화 등 다양한 시각적 스타일을 선택하여 원하는 형태의 이미지를 생성할 수 있다.

높은 디테일과 해상도

Leonardo.AI는 고해상도 이미지를 생성할 수 있는 기능을 제공하며, 특히 세밀한 디테일과 복잡한 텍스처를 필요로 하는 디자인 프로젝트에서 유용하다. 이는 디지털 아트, 게임 디자인, 영화 그래픽 등 고품질 이미지를 요구하는 분야에서 크게 활용될 수 있다.

모델 트레이닝 및 커스터마이징

Leonardo.AI는 사용자들이 자신의 모델을 학습시키거나 커스터마이즈할 수 있는 기능을 제공한다. 이를 통해 사용자는 자신의 특정 요구에 맞는 이미지를 보다 정확하게 생성할 수 있다. 예를 들어, 특정 게임이나 프로젝트의 그래픽 스타일을 반영한 맞춤형 모델을 만들 수 있다.

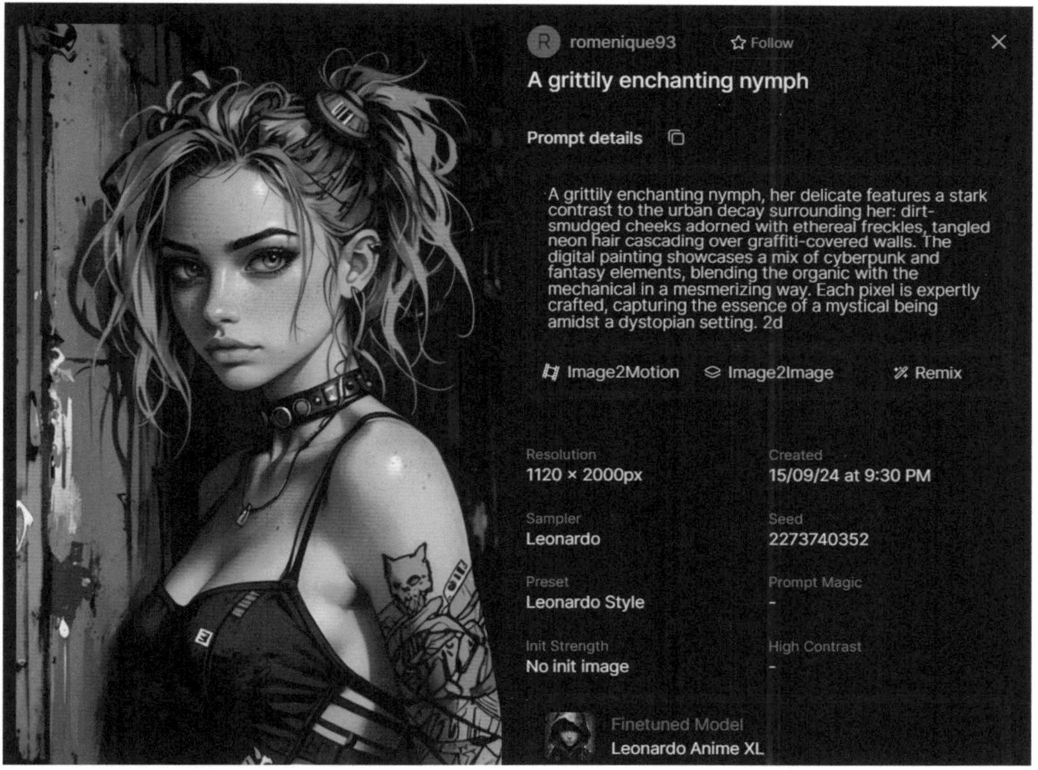

빠른 프로토타이핑

이 플랫폼은 디지털 창작자들이 빠르게 아이디어를 시각화할 수 있도록 도와주기 때문에 초기 디자인 프로세스에서 매우 유용하다. 예술가와 디자이너들이 시각적 개념을 빠르게 테스트하고 수정할 수 있어 생산성을 크게 향상시킬 수 있다.

게임 및 미디어 디자인에 특화

Leonardo.AI는 특히 게임 개발자, 애니메이터, 영화 제작자 등 미디어 콘텐츠 창작자들이 자주 사용한다. 캐릭터 디자인, 환경 아트, 배경 등 다양한 미디어 요소를 텍스트만으로 생성할 수 있어, 이들의 창작 과정에서 시간을 절약하고 아이디어를 빠르게 구현할 수 있게 돕는다.

• 활용 사례

게임 개발

캐릭터 및 배경 아트

게임 개발자들이 게임에 사용할 캐릭터, 배경, 아이템 디자인 등을 빠르게 생성하는 데 사용할 수 있다.

프로토타입 제작

게임 아이디어를 빠르게 시각화하고 테스트하는 데 유용하다.

디지털 아트

예술 작품 제작

디지털 아티스트가 새로운 스타일과 기술을 탐구하고 다양한 작품을 시도하는 데 활용할 수 있다.

커미션 작업

아티스트가 고객의 요구에 맞는 맞춤형 작품을 쉽게 만들 수 있다.

마케팅 및 광고

광고 이미지 생성

광고나 캠페인에 필요한 시각 자료를 신속하게 제작할 수 있다.

브랜딩 디자인

기업의 브랜딩과 관련된 그래픽 디자인 작업을 지원한다.

• 기술적 특징

인공지능 학습 모델

Leonardo.AI는 대규모 학습 데이터를 통해 훈련된 AI 모델을 사용하여 다양한 유형의 이미지를 생성한다.

사용자 정의 가능

사용자들은 자신의 스타일이나 프로젝트에 맞게 AI 모델을 수정하고, 자신의 필요에 맞는 이미지를 생성할 수 있다.

정확한 텍스트-이미지 매핑

플랫폼은 텍스트 설명을 정확하게 해석하고, 그에 맞는 이미지를 정교하게 생성하는 기능을 갖추고 있다.

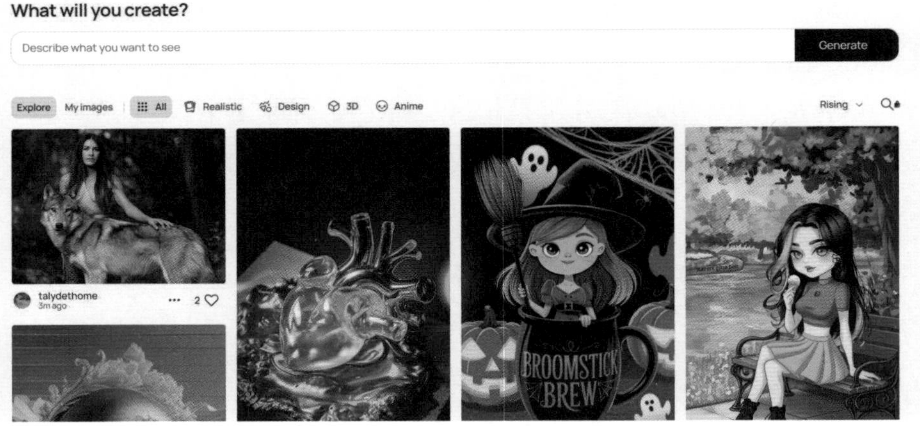

ideogram(이디오그램) www.ideogram.ai/t/explore

ideogram은 인공지능(AI)을 활용해 텍스트 기반 이미지를 생성하는 플랫폼으로, 사용자들이 텍스트 설명을 입력하면 이를 시각적으로 표현하는 기능을 제공한다. 특히 ideogram은 단순한 이미지 생성 도구에 그치지 않고, 글자와 이미지를 결합한 새로운 형태의 시각적 표현을 창조하는 데 초점을 맞추고 있다.

• ideogram의 특징 및 기능

텍스트와 이미지의 결합

ideogram의 가장 큰 특징은 텍스트를 이미지로 시각화하는 능력이다. 단순히 설명을 바탕으로 이미지를 생성하는 것뿐만 아니라, 텍스트 자체를 이미지의 일부분으로 통합하여 아트워크를 만들어낸다. 예를 들어, 사용자가 특정 문구나 단어를 입력하면 그 텍스트가 시각적으로 흥미롭게 디자인된 이미지로 변환될 수 있다. 이는 로고, 포스터, 브랜드 디자인, 디지털 마케팅 등 다양한 분야에서 매우 유용하게 활용될 수 있다.

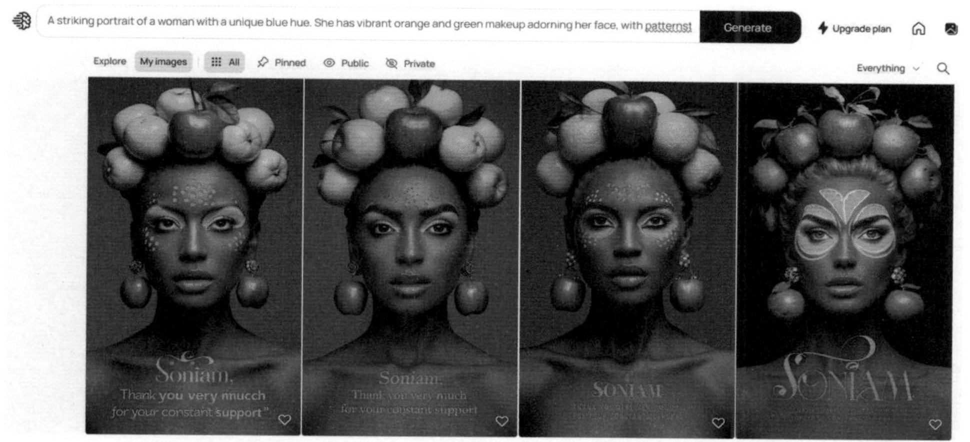

글자 모양의 창의적 활용

이 플랫폼은 글자의 모양과 스타일을 창의적으로 변형해, 이를 그래픽 요소로 사용한다. 이를 통해 글자가 단순한 정보 전달 도구가 아닌 시각적 구성 요소로 작동하게 된다. 예를 들어, 글자 하나하나를 예술적으로 변형하여 특정 주제나 분위기에 맞게 배치할 수 있으며, 텍스트 자체가 하나의 예술 작품처럼 보이게 된다.

사용자 친화적인 인터페이스

ideogram은 직관적이고 사용하기 쉬운 인터페이스를 제공하여 전문적인 디자인 기술이 없어도 누구나 손쉽게 고품질의 이미지를 생성할 수 있다. 텍스트 입력만으로도 즉각적으로 결과를 확인할 수 있으며, 이를 다양한 형식으로 저장하고 활용할 수 있다.

다양한 스타일 선택 가능

사용자들은 생성된 이미지나 텍스트에 다양한 스타일을 적용할 수 있다. 예를 들어 모던, 빈티지, 추상, 미니멀리즘 등 다양한 시각적 테마를 선택하여 자신이 원하는 결과물을 얻을 수 있다. 이를 통해 브랜드 디자인, 광고, 소셜 미디어 포스팅 등 여러 분야에서 맞춤형 콘텐츠를 제작할 수 있다.

AI의 학습을 통한 지속적인 개선

ideogram은 사용자가 생성한 이미지 및 텍스트 데이터를 기반으로 AI를 지속적으로 학습시키고 개선한다. 이로 인해 시간이 지남에 따라 더 정교하고 창의적인 결과물을 생성할 수 있으며, 사용자의 요구에 맞는 이미지 스타일과 구성 요소를 더욱 정확하게 반영할 수 있다.

고해상도 이미지 생성

ideogram은 고해상도의 이미지 생성 기능을 제공하며, 이를 통해 프린트 용도의 시각 자료나 고품질의 디지털 콘텐츠 제작이 가능하다. 포스터나 광고물과 같은 상업적 용도로도 충분히 활용될 수 있는 수준의 고해상도 이미지를 쉽게 만들 수 있다.

• 활용 사례

브랜드 및 로고 디자인

ideogram은 텍스트와 이미지를 결합하는 특성 덕분에 브랜드 로고나 타이포그래피 디자인에 매우 적합하다. 글자 자체가 그래픽적 요소로 변형되거나 특정 스타일을 반영할 수 있기 때문에 창의적인 로고나 브랜딩 자료를 제작하는 데 사용된다.

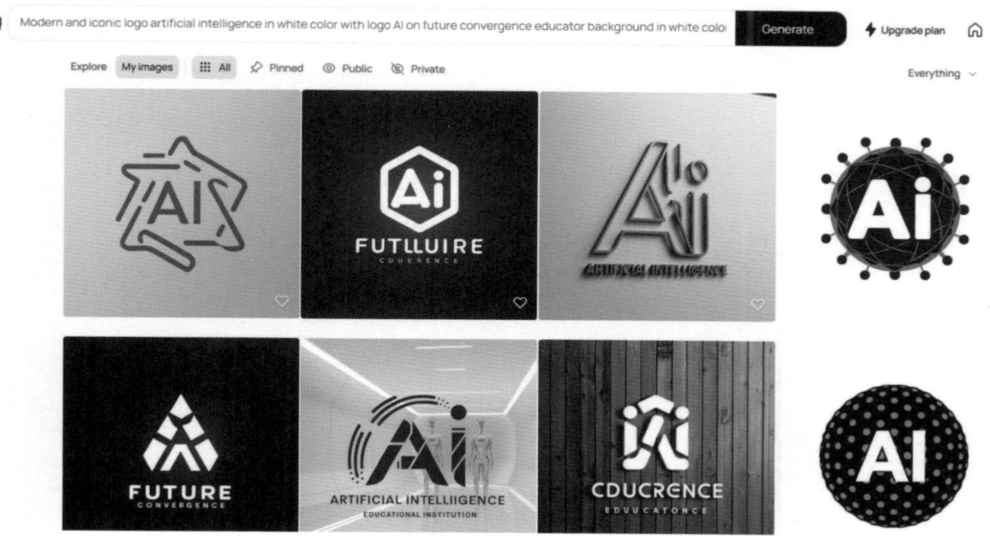

포스터 및 광고

포스터 디자인에서 텍스트는 매우 중요한 역할을 한다. ideogram을 사용하면 텍스트를 예술적으로 시각화하여 시선을 끄는 광고물이나 포스터를 손쉽게 제작할 수 있다. 예를 들어, 영화 포스터나 행사 광고에 사용되는 텍스트 디자인을 ideogram을 통해 생성하면 보다 독창적인 결과물을 얻을 수 있다.

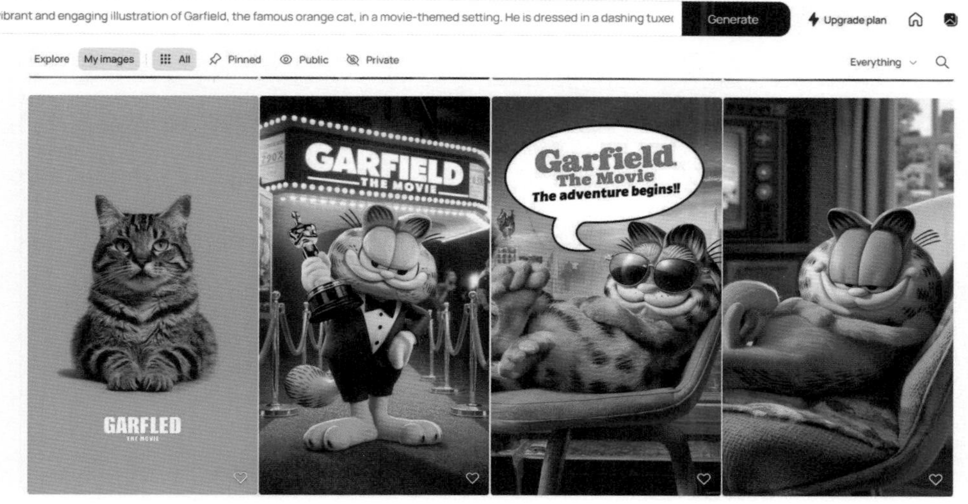

소셜 미디어 콘텐츠

빠르게 변화하는 소셜 미디어 환경에서는 시각적으로 돋보이는 콘텐츠가 매우 중요하다. ideogram은 사용자가 소셜 미디어용 콘텐츠를 쉽게 제작할 수 있도록 도와준다. 텍스트와 이미지를 결합한 독특한 포스팅을 통해 팔로워들의 관심을 끌고, 브랜드 인지도를 높일 수 있다.

개인 창작물 및 예술 작품

디지털 아티스트나 디자이너가 자신의 작품에서 텍스트를 창의적으로 표현하고 싶을 때, ideogram은 유용한 도구가 될 수 있다. 예를 들어, 시각적으로 흥미로운 타이포그래피 아트나 텍스트를 포함한 디지털 일러스트레이션을 쉽게 제작할 수 있다.

마케팅 및 광고 캠페인

ideogram의 이미지 생성 기능은 마케팅 및 광고 캠페인에서 시각적으로 강력한 콘텐츠를 제작하는 데 도움이 된다. 브랜드 메시지나 슬로건을 시각적으로 표현하고, 이를 통해 보다 인상적인 캠페인 이미지를 만들 수 있다.

ideogram은 텍스트를 시각적으로 표현하는 새로운 방식의 인공지능 플랫폼으로, 다양한 분야에서 활용 가능성이 크다. 특히 텍스트와 이미지를 창의적으로 결합한 디자인이 필요한 광고, 마케팅, 브랜딩, 예술 창작 등에서 매우 유용한 도구로 자리 잡고 있다. AI 기술을 통해 더욱 빠르고 효율적인 디자인 작업을 가능하게 하며, 이를 통해 창작자와 디자이너들의 창의적 작업을 지원하는 플랫폼으로서 중요한 역할을 하고 있다.

Haiper AI(하이퍼 AI) www.haiperai.com

하이퍼 AI는 AI 기술 중에서도 매우 고도화된 인공지능을 의미하는 용어로, 기존 AI 기술을 뛰어넘어 더욱 강력하고 자율적인 기능을 가진 AI를 지칭한다. 일반적으로 하이퍼(Hyper)라는 말은 '초월적', '극도로 발달된'을 의미하는데, Haiper AI는 현재 사용되는 AI보다 훨씬 더 발전된 형태로, 자율적인 학습과 실시간 적응, 창의적 문제 해결 능력을 가질 것으로 기대된다.

• Haiper AI의 주요 특징

초자율 학습 능력

기존 AI는 주어진 데이터에 의존해서 학습하는 반면, Haiper AI는 스스로 학습 방법을 찾아내고, 필요한 데이터를 탐색하여 자기주도적인 학습을 수행할 수 있는 능력을 가진다. 이를 통해 지속적인 환경 변화에도 스스로 적응하며 발전할 수 있다.

고도화된 창의적 문제 해결

현재의 AI는 정형화된 문제를 해결하는데 뛰어나지만, Haiper AI는 이보다 더 나아가 복잡하고 예측하기 어려운 문제를 창의적으로 해결할 수 있는 능력을 갖추게 된다. 이는 다양한 환경에서 다각적인 접근 방식을 통해 문제를 해결할 수 있는 인공지능을 의미한다.

멀티모달 데이터 처리

Haiper AI는 텍스트, 이미지, 소리, 동영상 등 다양한 데이터를 동시에 처리하고, 이를 통해 상호 연관성을 분석할 수 있는 능력을 가진다. 즉 여러 형식의 데이터를 결합하여 더욱 정교하고 정확한 분석을 할 수 있다.

범용 인공지능(AGI)으로의 발전

현재의 AI는 주로 특정 작업에 특화된 좁은 인공지능이다. Haiper AI는 이보다 발전된 형태로, 인간처럼 여러 가지 복잡한 작업을 처리할 수 있는 범용 인공지능(Artificial General Intelligence, AGI)의 목표에 한 걸음 더 다가갈 수 있다.

실시간 의사결정 및 적응성

Haiper AI는 실시간으로 데이터를 처리하고 분석하여, 변화하는 상황에 즉각적으로 반응하고 적응할 수 있는 능력을 갖추게 된다. 예를 들어 자율주행 자동차, 금융 시장, 의료 시스템 등에서 실시간으로 발생하는 데이터를 즉각적으로 처리하고 결정을 내릴 수 있다.

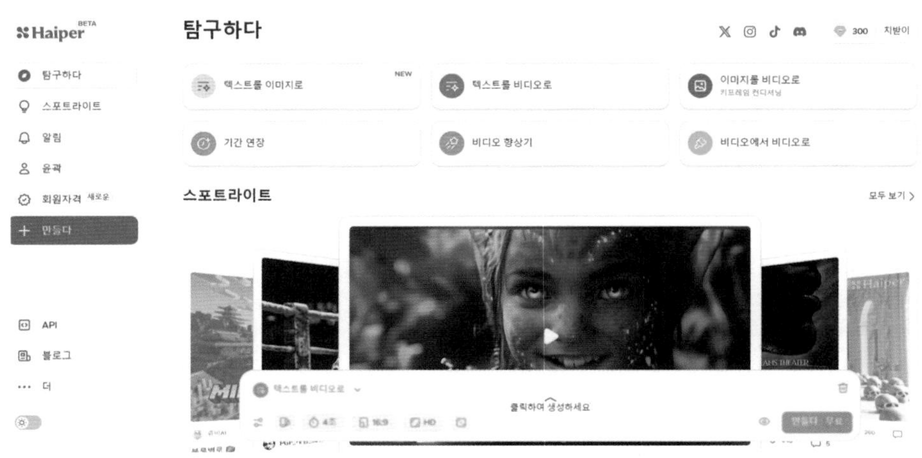

• Haiper AI의 응용 분야

Haiper AI는 거의 모든 산업 분야에 적용될 수 있으며, 특히 아래와 같은 분야에서 강력한 역할을 할 수 있다.

헬스케어

환자의 건강 데이터를 실시간으로 분석하여 조기 진단, 맞춤형 치료 계획 수립, 질병 예방 등을 가능하게 할 수 있다. 개인별로 최적화된 건강 관리가 가능해질 것이다.

자율주행 및 스마트 도시

Haiper AI는 자율주행 기술에서 주행 환경에 실시간으로 반응하고 최적의 경로를 결정하는 데 도움을 줄 수 있으며, 스마트 도시 관리 시스템에서는 교통 흐름, 에너지 관리 등에서 중요한 역할을 할 수 있다.

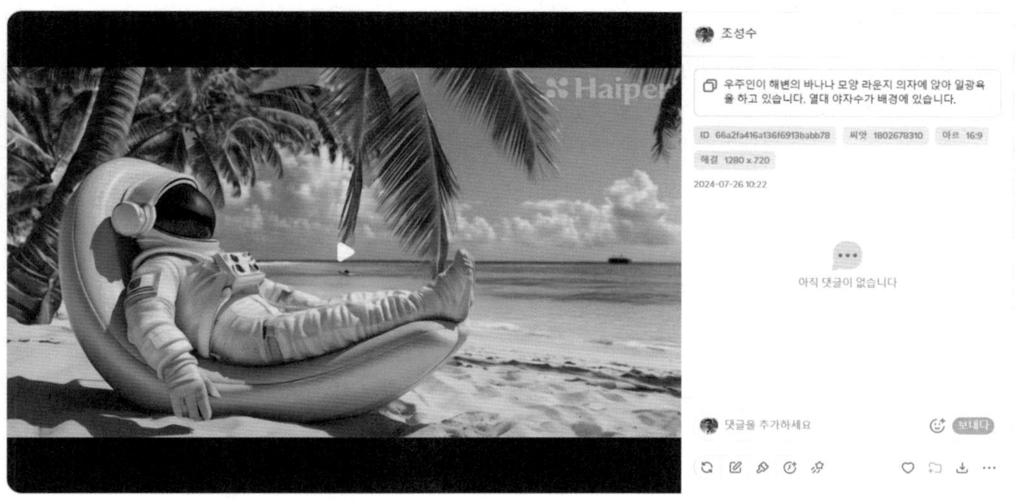

금융

금융 시장에서 방대한 데이터를 분석하여 더 정교한 투자 예측, 리스크 관리, 사기 탐지 등에 Haiper AI가 활용될 수 있다.

교육

Haiper AI는 개인 맞춤형 학습 경험을 제공하여 각 학생의 학습 스타일과 요구에 맞춘 교육 솔루션을 제공할 수 있다.

예술 창작

Haiper AI는 음악, 미술, 영화 등 예술 창작 과정에서 인간처럼 창의성을 발휘하여 새로운 작품을 만들어 낼 수 있다. 창작 도구로서의 역할도 중요하게 부각될 수 있다.

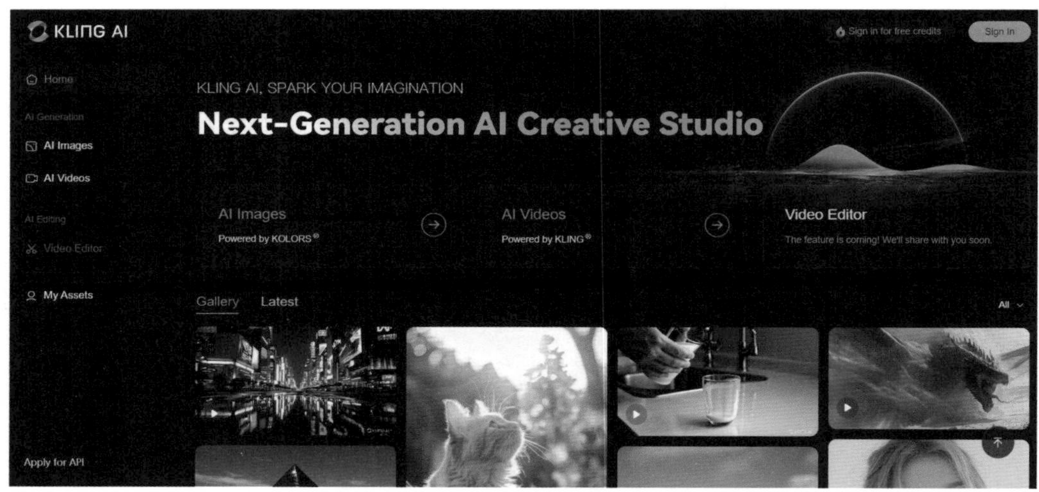

KLING AI(클링AI) www.klingai.com

KLING AI는 텍스트를 기반으로 고화질의 동영상을 생성할 수 있는 인공지능 툴로, 주로 동영상 제작을 자동화하는 데 사용된다. 중국의 콰이쇼우(Kuaishou) 팀이 개발한 이 모델은 복잡한 동작과 물리적 상호작용을 시뮬레이션할 수 있는 강력한 기능을 제공한다. 이를 통해 2분 길이의 1080p 해상도 동영상을 생성할 수 있으며, 영화 수준의 고품질 비디오 콘텐츠를 만들어 낼 수 있다.

• 주요 특징

3D 공간-시간 주의 메커니즘

KLING AI는 시간과 공간에서의 복잡한 움직임을 모델링하여 매우 현실적이고 동적인 동영상을 생성할 수 있다.

고화질 및 확장성

최대 2분 길이의 1080p 해상도 비디오를 생성할 수 있으며, 다양한 종횡비를 지원하여 사용자 요구에 맞춘 맞춤형 비디오를 제공한다.

물리적 세계 시뮬레이션

KLING AI는 실제 물리 법칙을 준수하는 동영상을 만들 수 있어 현실감 있는 콘텐츠를 제작한다.

고급 얼굴 및 신체 재구성

단일 전신 사진만으로 얼굴 표정과 신체 움직임을 구현할 수 있어 복잡한 캐릭터 애니메이션에도 유리하다.

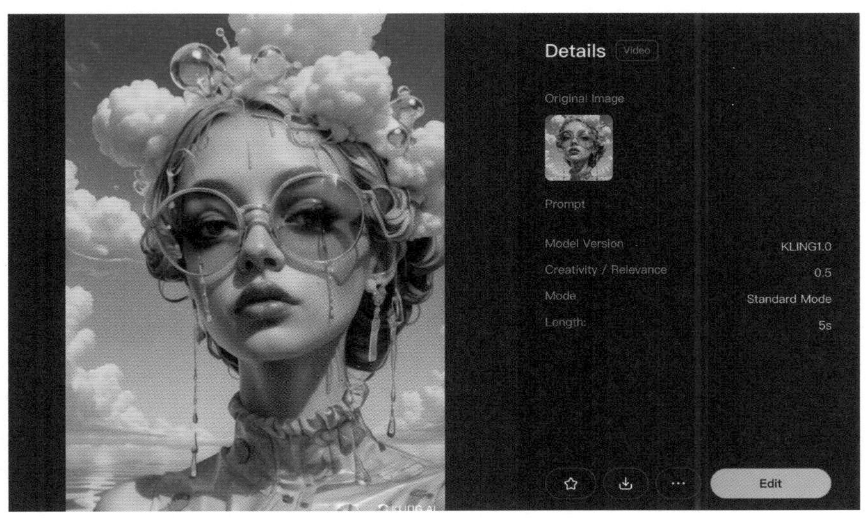

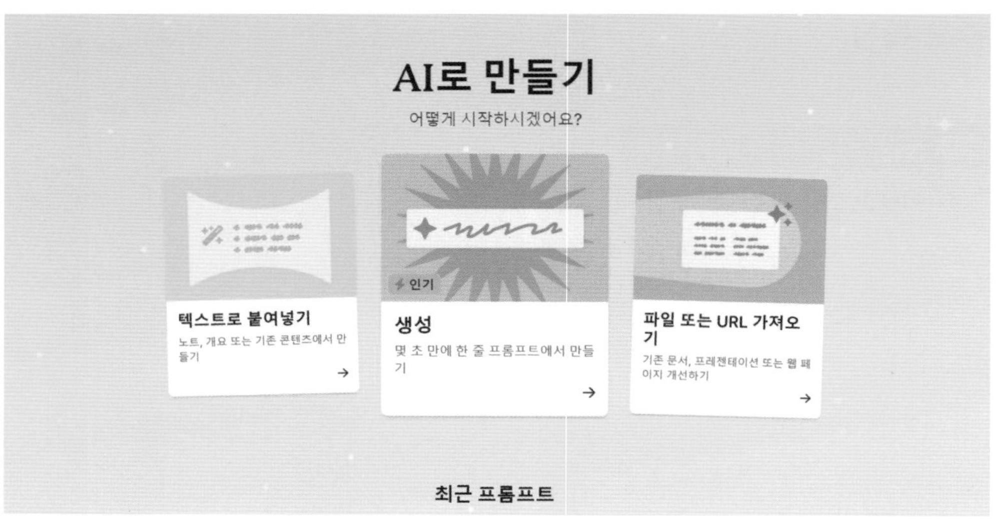

Gamma AI(감마 AI) www.gamma.app/

Gamma AI는 인공지능을 활용한 콘텐츠 제작 도구로, 프레젠테이션, 보고서, 슬라이드 쇼, 인포그래픽 등 다양한 시각 자료를 빠르고 쉽게 만들 수 있는 기능을 제공한다. 텍스트 기반의 콘텐츠를 시각적으로 변환하는 과정이 자동화되어 있어, 사용자는 시간과 노력을 절약하며 고품질의 콘텐츠를 제작할 수 있다. 비즈니스, 교육, 마케팅, 리서치 등 다양한 분야에서 활용될 수 있는 Gamma AI는 콘텐츠 제작의 효율성과 창의성을 극대화하는 데 도움을 주는 도구이다.

Gamma AI는 특히 콘텐츠 제작 및 프레젠테이션 제작을 위한 인공지능 기반의 플랫폼이다. 이 플랫폼은 사용자가 보다 쉽게 정보를 구성하고 시각적으로 표현할 수 있도록 돕는 다양한 기능을 제공한다. Gamma AI는 단순한 텍스트 문서에서 벗어나, 보다 다채롭고 시각적으로 매력적인 콘텐츠를 생성하는 데 특화되어 있으며, 빠르고 직관적인 워크플로우를 제공한다.

생성
오늘은 무엇을 만들고 싶으신가요?
프레젠테이션
웹사이트
문서
8개 카드
한국어
인공지능 교육관련 마케팅 전략
개요 생성

생성
프롬프트
8개 카드
한국어
인공지능 교육관련 마케팅 전략
윤곽선
1 인공지능 교육 시장 현황 및 전망
2 인공지능 교육의 필요성과 중요성
3 타깃 고객 및 세분화
4 효과적인 마케팅 채널 선택
5 콘텐츠 전략 수립
6 가격 정책 및 수익 모델
총 8개 카드
계속 →

• Gamma AI의 주요 기능

프레젠테이션 및 슬라이드 자동 생성

Gamma AI는 사용자가 입력한 텍스트나 데이터를 기반으로 자동으로 프레젠테이션을 생성할 수 있다. 이 플랫폼은 다양한 디자인 템플릿을 제공하며, 텍스트만으로도 전문적인 슬라이드 쇼를 빠르게 제작할 수 있다. 사용자가 단순히 핵심 내용을 입력하면 AI가 적절한 슬라이드 레이아웃과 디자인을 자동으로 선택하여 시각적으로 매력적인 프레젠테이션을 구성해 준다.

AI 기반 콘텐츠 개선

사용자가 입력한 텍스트를 분석하고 그 내용이 보다 명확하고 효과적으로 전달될 수 있도록 AI가 개선한다. 문장의 흐름이나 내용의 구조를 자동으로 조정하거나, 중요한 정보를 강조하는 방식으로 프레젠테이션의 퀄리티를 높여 준다. 예를 들어, 강조해야 할 내용을 하이라이트하거나 잘못된 정보를 수정하는 기능이 포함되어 있다.

디자인 및 시각화 추천

Gamma AI는 입력된 콘텐츠에 맞는 적합한 디자인과 시각적 요소를 자동으로 추천한다. 데이터나 정보에 따라 차트, 그래프, 이미지 등을 제안하여 내용을 더 명확하고 쉽게 전달할 수 있도록 돕는다. 이러한 기능은 사용자가 시각적 자료를 만들기 위해 따로 고민할 필요 없이, AI의 추천을 따라가면서 작업을 빠르게 진행할 수 있게 해준다.

다양한 콘텐츠 형식 지원

Gamma AI는 프레젠테이션 외에도 보고서, 슬라이드 쇼, 인포그래픽 등 다양한 형식의 콘텐츠를 제작할 수 있다. 이를 통해 사용자는 다양한 목적에 맞는 콘텐츠를 쉽고 빠르게 생성할 수 있으며, 보고서나 마케팅 자료, 학습 자료 등 여러 형태로 활용할 수 있다.

협업 기능

Gamma AI는 팀 내에서의 협업을 용이하게 한다. 여러 사용자가 동시에 같은 프레젠테이션이나 콘텐츠에 접근해 수정할 수 있으며, 피드백 기능을 통해 실시간으로 의견을 주고받을 수 있다. 이는 프로젝트를 진행할 때 팀워크를 강화하고, 전체적인 생산성을 높이는 데 도움이 된다.

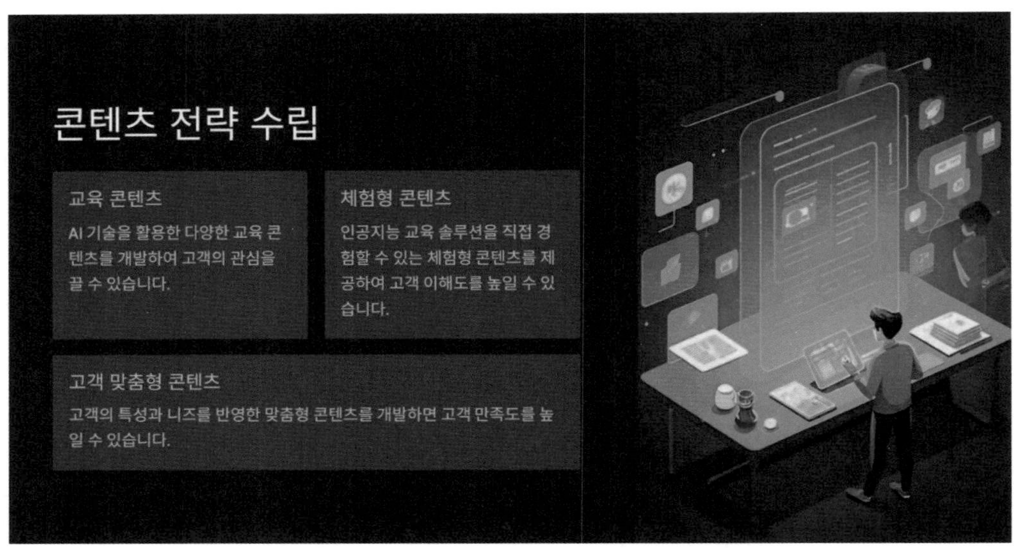

인터랙티브 콘텐츠 제작

Gamma AI는 단순히 정적인 콘텐츠뿐만 아니라 인터랙티브한 콘텐츠도 제작할 수 있다. 이를 통해 사용자들은 청중이 더 적극적으로 참여할 수 있는 프레젠테이션을 만들 수 있으며, 클릭 가능한 요소나 애니메이션 등을 추가해 더욱 흥미로운 콘텐츠를 제작할 수 있다.

자동화된 형식 변환

Gamma AI는 한 가지 형식으로 제작된 콘텐츠를 다른 형식으로 자동 변환할 수 있는 기능을 제공한다. 예를 들어, 프레젠테이션을 보고서 형식으로 변환하거나 슬라이드 쇼를 인포그래픽으로 전환하는 것이 가능하다. 이러한 자동화된 변환 기능은 다양한 작업을 효율적으로 처리할 수 있게 해준다.

• 활용 사례

비즈니스 프레젠테이션

Gamma AI는 회의, 보고서 발표, 프로젝트 제안서 등을 준비하는 데 매우 유용하다. 간단한 텍스트 입력만으로 전문적인 프레젠테이션을 빠르게 생성할 수 있으며, 데이터 시각화 기능을 통해 복잡한 정보를 쉽게 전달할 수 있다.

교육 및 학습 콘텐츠 제작

교사나 교육자는 Gamma AI를 통해 학습 자료나 교육용 프레젠테이션을 쉽게 만들 수 있다. 시각적 자료가 포함된 설명서나 슬라이드 쇼를 AI의 도움으로 빠르게 제작할 수 있어 수업 준비에 걸리는 시간을 단축할 수 있다.

마케팅 및 광고 자료 제작

마케팅 전문가들은 Gamma AI를 통해 제품이나 서비스의 광고 자료, 캠페인 계획서 등을 만들 수 있다. 텍스트 입력만으로 브랜드 메시지를 명확하게 전달할 수 있는 시각적 자료를 제작할 수 있으며, 이를 통해 마케팅 전략을 시각적으로 효과적으로 표현할 수 있다.

리서치 및 보고서 작성

연구원이나 데이터 분석가는 Gamma AI를 활용해 연구 보고서나 데이터 분석 결과를 시각적으로 표현할 수 있다. 데이터 시각화 기능을 통해 복잡한 데이터를 그래프나 차트로 정리하고, 이를 보고서나 프레젠테이션 형식으로 쉽게 변환할 수 있다.

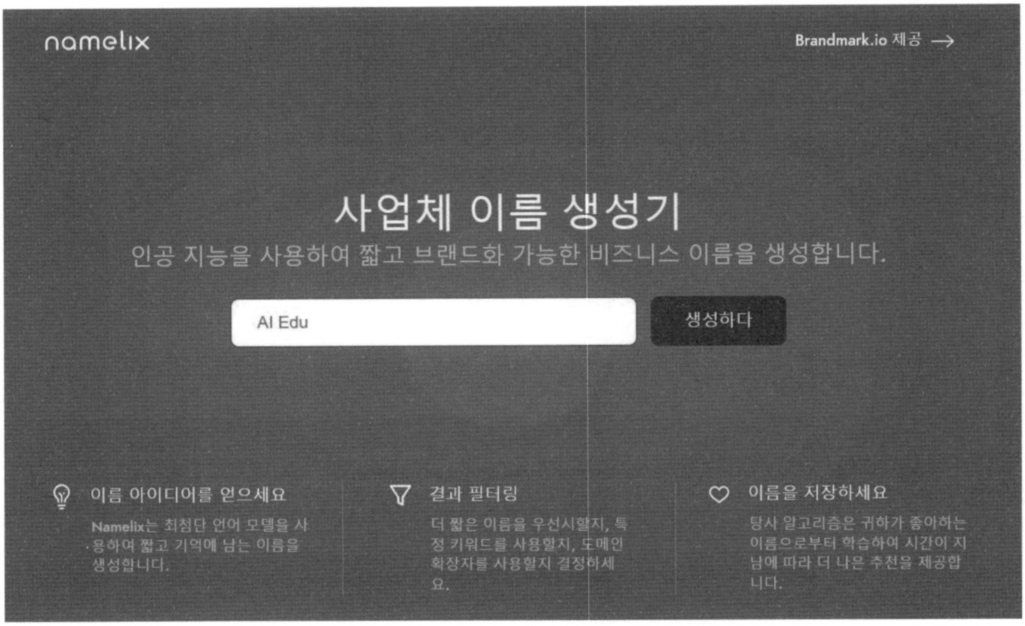

namelix(네임릭스) www.namelix.com

namelix는 인공지능(AI)을 활용한 비즈니스 이름 생성기이다. 이 도구는 사용자로부터 제공된 키워드나 설명을 기반으로 창의적이고 브랜드화가 가능한 비즈니스 이름을 자동으로 생성한다. 주로 새로운 스타트업, 제품, 서비스, 웹사이트 또는 브랜드를 시작할 때 적합한 이름을 찾는 데 유용하다.

• 주요 특징

키워드 기반 이름 생성: 사용자는 자신이 원하는 이름의 느낌이나 특정 키워드를 입력하면, namelix는 해당 입력값을 기반으로 다양한 이름 제안을 제공한다.

브랜드 친화적 이름

namelix는 이름을 생성할 때 도메인 가용성도 함께 고려하여 상업적으로 사용할 수 있는 이름을 제안한다. 이는 브랜드 구축에 도움이 되는 요소로, 상표 등록이나 도메인 확보를 쉽게 할 수 있다.

맞춤형 이름 스타일

사용자는 원하는 이름 스타일을 선택할 수 있다. 예를 들어, 짧고 간결한 이름, 비유적인 이름, 또는 더 고급스럽고 정교한 이름을 원할 경우 그에 맞춰 제안을 받을 수 있다.

로고 디자인 통합

namelix는 로고 생성 기능도 제공하여, 선택한 이름에 맞는 로고를 자동으로 디자인할 수 있도록 도와준다. 이를 통해 브랜드의 시각적 아이덴티티를 쉽게 구축할 수 있다.

• namelix의 사용 사례

스타트업 창업자

새로운 비즈니스를 시작하면서 고유한 이름을 빠르게 찾고자 할 때 사용 가능하다.

마케팅 전문가

브랜드 네이밍을 통해 캠페인을 기획하거나 제품 출시 전략을 세울 때 사용 가능하다.

크리에이티브 디자이너

비즈니스 이름과 로고를 동시에 구상할 때 효율적으로 활용할 수 있다.

namelix는 특히 빠르게 이름을 결정해야 하거나 창의적인 아이디어가 필요한 사람들에게 인기가 많다.

1 화면 비율 정하기
2 비디오 스타일 선택
3 영상 만들기
어떤 비디오 스타일로 시작해 볼까요?
비디오 스타일
내 비디오 스타일(0)
스타일 없이 시작하기
빈 비디오 스타일로 시작합니다. 특정한 스타일이 아닌 일반적인 영상을 만들 때 적합합니다.

캐주얼한 정보전달 영상 스타일(반말)
자신감있고 캐주얼한 말투로 주제에 대한 정보를 말해줍니다. 질문을 건네기도 합니다.

영어 회화 공부 스타일
주제에 맞는 영어 문장들을 추천해줍니다. 한국어 문장 한 줄, 영어 문장 한 줄이 나옵니다.

공포 영상 스타일
무서운 이야기를 해 주는 영상을 만들어 줍니다.

다큐멘터리 스타일
상황에 대해 다큐멘터리 식으로 설명하는 정보 영상에 적합합니다.

명언 영상 스타일
명언을 읽어주는 영상을 만들어줍니다.
이전

Vrew(브루) www.vrew.ai/ko/

Vrew는 인공지능(AI)을 활용하여 동영상 편집 및 자막 작업을 보다 쉽게 할 수 있도록 도와주는 소프트웨어이다. 특히 Vrew는 자막 자동 생성 및 영상 편집에 특화되어 있어, 비전문가도 손쉽게 동영상을 편집하고 자막을 추가할 수 있도록 설계된 도구이다. 주로 유튜버, 콘텐츠 제작자, 마케팅 전문가들이 많이 사용하는 프로그램이며, 한국어를 포함한 다양한 언어를 지원한다.

• 주요 기능

AI 기반 자막 자동 생성 Vrew의 가장 큰 장점은 인공지능을 활용한 자막 자동 생성 기능이다. 동영상에 포함된 음성을 AI가 분석하고, 그에 맞는 자막을 자동으로 생성해 준다. 이를 통해 사용자는 자막을 하나하나 수동으로 입력할 필요 없이 자동으로 자막이 적용된 영상을 빠르게 얻을 수 있다. 특히 한국어, 영어, 일본어 등 여러 언어를 지원하여 다양한 언어의 동영상에도 적용 가능하다.

자동 자막 싱크 맞춤

자막이 생성되면, Vrew는 음성과 자막이 자동으로 일치되도록 타이밍을 조정해 준다. 이는 음성과 자막이 동기화되지 않는 문제를 해결하는 데 매우 유용하며, 사용자는 추가로 시간을 투자하지 않아도 자연스러운 자막 싱크를 얻을 수 있다.

자막 편집 기능

자동으로 생성된 자막을 사용자가 쉽게 수정할 수 있는 자막 편집 기능도 제공된다. AI가 생성한 자막이 완벽하지 않거나 문법적으로 수정이 필요할 경우, 사용자는 자막 텍스트를 직접 수정할 수 있으며, 이를 동영상에 즉시 반영할 수 있다. 또한, 자막의 스타일(폰트, 색상, 크기 등)도 쉽게 변경할 수 있어 시각적으로도 만족스러운 결과물을 얻을 수 있다.

자연스러운 영상 편집

Vrew는 자막 작업 외에도 동영상의 간편한 컷 편집 기능을 제공한다. AI가 음성 구간을 자동으로 분석하여 사용자가 쉽게 불필요한 구간을 잘라내거나 편집할 수 있도록 돕는다. 예를 들어, 중간중간의 침묵 구간이나 실수를 빠르게 감지하고 제거할 수 있다. 이를 통해 영상 편집 초보자도 복잡한 도구 없이 직관적으로 작업을 진행할 수 있다.

번역 기능

Vrew는 자막의 번역 기능도 제공한다. 자동으로 생성된 자막을 다른 언어로 번역할 수 있어, 다국어 콘텐츠 제작에 유용하다. 예를 들어, 한국어로 된 동영상에 영어 자막을 추가하거나 영어로 된 영상에 한국어 자막을 쉽게 추가할 수 있다. AI가 번역을 처리하지만, 사용자는 번역된 텍스트를 직접 수정하고 검토할 수 있다.

음성 인식 기술

Vrew의 핵심 기술은 음성을 텍스트로 변환하는 음성 인식(Speech-to-Text) 기술이다. 이 기술은 다양한 언어와 억양을 인식할 수 있으며, 비교적 정확한 자막을 자동으로 생성해 준다. 특히 한국어와 같은 고유한 언어도 잘 처리하는 것으로 알려져 있다.

사용자 친화적인 인터페이스

Vrew는 직관적이고 사용자 친화적인 인터페이스를 제공하여 비전문가도 쉽게 사용할 수 있도록 설계되었다. 자막 생성과 편집, 영상 편집 작업을 간편하게 수행할 수 있는 환경을 제공하며, 복잡한 설정 없이 기본 기능만으로도 쉽게 작업을 완성할 수 있다.

크로스 플랫폼 지원

Vrew는 Windows와 macOS에서 모두 사용할 수 있으며, 웹 기반 버전도 제공되어 다양한 환경에서 접근이 가능하다. 이로 인해 PC와 Mac을 사용하는 사용자 모두가 편리하게 Vrew를 활용할 수 있다.

• 활용 사례

유튜브 영상 자막 작업

유튜버들은 Vrew를 사용해 동영상에 자막을 자동으로 추가하고, 이를 간편하게 편집하여 업로드한다. 특히 한국어뿐만 아니라 영어, 일본어 등의 다양한 언어 자막을 지원하므로 글로벌 콘텐츠 제작에 유리하다.

교육 콘텐츠 제작

Vrew는 교육 자료 제작에 매우 유용하다. 강의 영상이나 튜토리얼에 자막을 쉽게 추가할 수 있어, 청각장애인을 위한 접근성 향상이나 다국어 자막을 제공하여 해외 학습자들에게도 도움을 줄 수 있다.

회사 및 기업 홍보 영상

기업들은 Vrew를 사용해 홍보 영상을 제작할 때 자막을 자동으로 추가할 수 있다. 이를 통해 시청자들이 내용을 보다 쉽게 이해할 수 있으며, 번역 기능을 통해 글로벌 마케팅에도 활용할 수 있다.

팟캐스트 및 인터뷰 자막

팟캐스트나 인터뷰 영상에 자막을 추가하여 콘텐츠의 접근성을 높이고, 시청자들이 음성을 듣지 않고도 내용을 이해할 수 있도록 도울 수 있다. 음성을 자동으로 인식하여 텍스트로 변환하는 기능이 매우 유용하다.

• Vrew의 장점

시간 절약

자동 자막 생성 기능을 통해 자막 작업에 소요되는 시간을 크게 줄일 수 있다.

비전문가도 사용 가능

복잡한 영상 편집 기술이 없어도 직관적으로 동영상을 편집하고 자막을 추가할 수 있다.

다양한 언어 지원

한국어, 영어, 일본어 등 여러 언어를 지원하여 다양한 사용자층을 대상으로 콘텐츠를 제작할 수 있다.

다국어 자막

자동 번역 기능을 통해 여러 언어로 자막을 제공할 수 있어 글로벌 시장에서도 활용도가 높다.

Vrew는 인공지능을 활용하여 자막 작업과 영상 편집을 자동화하고, 이를 보다 간편하고 효율적으로 처리할 수 있도록 도와주는 도구이다. 콘텐츠 제작자나 마케팅 전문가, 교육자들이 보다 쉽게 동영상을 제작하고 자막을 추가할 수 있도록 도와주는 유용한 툴로, 시간이 부족하거나 전문적인 편집 기술이 없는 사람들에게 특히 유용하다. Vrew를 통해 자막 작업의 번거로움을 줄이고, 고품질의 콘텐츠를 빠르게 제작할 수 있다.

저작권 없는 무료 이미지

원하는 목적을 선택하세요 ×

만들고 싶은 이미지를 설명해 주세요

다른 사람들이 만든 이미지

wrtn(뤼튼) www.wrtn.ai/

wrtn은 AI 기술을 이용해 글을 생성하고 편집하는 도구로, 콘텐츠 제작의 속도와 품질을 향상시키는 것을 목표로 한다. 이 도구는 한국에서 개발되었으며, 다양한 산업 분야에서 사용되고 있다. 글쓰기에 대한 부담을 덜고 창의성을 증진시키는 것이 주된 목적이다.

• 주요 기능 및 특징

AI 자동 글 생성

wrtn의 핵심 기능 중 하나는 사용자가 제공한 키워드나 간단한 입력값을 바탕으로 AI가 글을 자동으로 생성하는 기능이다. 사용자는 자신이 원하는 주제나 형식을 설정하고 글의 방향성을 제시하면, AI가 이를 분석하여 그에 맞는 글을 작성해준다.

예시

블로그 글, 제품 설명, 마케팅 문구, 이메일 초안 등 다양한 글을 자동으로 작성할 수 있다.

장점

시간을 절약하고, 빠르게 초안을 만들 수 있으며, 글의 톤이나 스타일을 쉽게 수정할 수 있다는 점에서 유용하다.

문장 보완 및 수정

wrtn은 단순히 글을 생성하는 것뿐 아니라 이미 작성된 글을 더 매끄럽고 자연스럽게 다듬어 주는 기능도 제공한다. 사용자가 작성한 초안을 기반으로 문장의 구조를 개선하고, 문법적 오류를 교정하며, 더 나은 표현을 추천해 준다.

자연스러운 흐름

AI가 작성한 문장들이 매끄럽게 연결되도록 도와주며, 단어 선택과 문장 구조를 조정해 콘텐츠의 가독성을 높인다.

아이디어 제안

블로그 주제나 마케팅 캠페인 아이디어가 필요할 때, wrtn의 AI는 다양한 아이디어를 제공한다. 이는 특히 콘텐츠 기획 단계에서 매우 유용한 기능이다. 사용자는 주제를 제시하면 AI가 그와 관련된 다양한 아이디어를 제안하고, 이를 바탕으로 글을 확장할 수 있다.

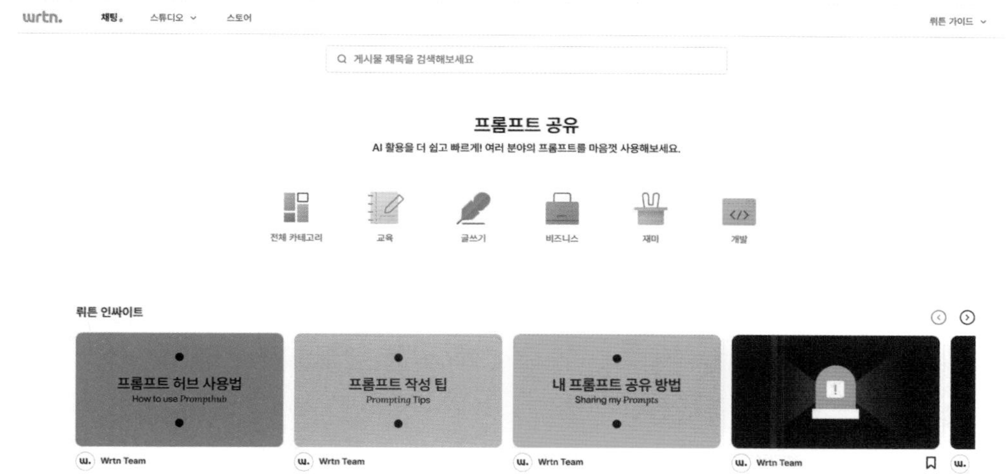

콘텐츠 기획 지원

블로그 주제, 광고 카피, SNS 게시물 등의 콘텐츠 주제를 선정할 때 AI가 창의적인 아이디어를 제공하여 창작 과정에서 아이디어가 고갈되는 문제를 해결할 수 있다.

다양한 글쓰기 템플릿

wrtn은 사용자가 특정한 글의 형식을 손쉽게 따를 수 있도록 미리 설정된 템플릿을 제공한다. 예를 들어 마케팅 카피, 이메일, 보고서, 블로그 글, 제품 설명서 등 다양한 형식의 글을 작성할 때 필요한 기본 구조를 미리 설정해 주는 기능이다.

- **템플릿 종류**

  -블로그 게시물

  -뉴스레터

  -광고 문구

  -소셜 미디어 게시글

  -제품 설명

  -이메일 작성 템플릿 등

SEO 최적화 지원

SEO(검색 엔진 최적화)는 온라인 콘텐츠에서 매우 중요한 요소인데, wrtn은 키워드를 적절히 배치하고 SEO에 유리한 글을 작성하도록 도와준다. 이를 통해 검색 엔진에서 더 나은 가시성을 얻을 수 있다.

키워드 분석

입력한 키워드를 바탕으로 글을 작성할 때, 검색 엔진에서 유리한 방식으로 글을 구성해 검색 노출을 극대화한다.

다국어 지원

wrtn은 여러 언어로 글을 작성할 수 있는 기능을 제공한다. 한국어뿐만 아니라 영어, 중국어, 일본어 등 다양한 언어로 콘텐츠를 생성할 수 있어 글로벌 마케팅 및 커뮤니케이션에 활용할 수 있다.

자동 번역 기능

글을 다른 언어로 번역해 주며, 문화적 차이도 반영하여 자연스럽고 현지화된 콘텐츠를 생성할 수 있다.

• 활용 사례

마케팅 및 광고 문구

AI가 제공하는 간결하고 설득력 있는 문구는 마케팅과 광고에서 큰 역할을 한다. wrtn은 브랜드의 메시지를 효과적으로 전달할 수 있도록 짧고 강력한 카피를 작성하는데 탁월하다. 제품이나 서비스의 핵심 가치를 강조하는 문구를 신속하게 생성할 수 있다.

한번에 찾는 정보

원하는 목적을 선택하세요 ×

궁금한 것을 무엇이든 물어보세요 빠른 검색

실시간 검색 순위 2024.09.17 15:47

1	경부고속도로 6중 추돌 사고	NEW	6	뉴진스 추석 한복 화보	NEW
2	화사 싸이 의견 충돌 라디오스타	NEW	7	민희진 복귀 반대	NEW
3	부산 서울 귀경길 정체 10시간	NEW	8	호국원 성묘객 추석	NEW
4	넷플릭스 흑백요리사 예능	NEW	9	구름 사이 보름달 관측	NEW
5	영탁 해루질 사고	NEW	10	빠니보틀 울릉도 여행	NEW

블로그 및 기사 작성

블로그 포스트는 SEO와 브랜드 이미지 형성에서 중요한 역할을 한다. wrtn을 이용하면 블로그 초안을 빠르게 작성할 수 있어 콘텐츠 제작 시간을 단축할 수 있다. 기사의 경우도 복잡한 주제를 간결하게 풀어내도록 도와준다.

예시

특정 키워드에 맞춘 블로그 포스트를 작성하거나 정보성 기사를 빠르게 초안화할 수 있다.

SNS 콘텐츠 제작

짧고 임팩트 있는 메시지가 중요한 소셜 미디어에서는 글의 퀄리티뿐만 아니라 속도도 중요한 요소이다. wrtn을 이용하면 트위터, 인스타그램 등에서 사용할 짧은 메시지와 해시태그를 빠르게 작성할 수 있다.

이메일 작성

비즈니스 커뮤니케이션에서 이메일 작성은 중요한 업무 중 하나이다. wrtn은 이메일 초안을 제공하거나, 비즈니스 상황에 맞는 메일을 빠르게 작성할 수 있도록 도와준다. 특정한 톤을 유지하면서도 효율적인 이메일 커뮤니케이션이 가능하다.

보고서 및 비즈니스 문서 작성

AI는 보고서나 비즈니스 문서의 초안을 작성하고 기존 문서를 개선하는 데에도 유용하다. wrtn을 통해 복잡한 데이터를 요약하거나 명확하고 간결한 문장을 생성하여 비즈니스 문서를 효과적으로 완성할 수 있다.

• wrtn의 장점

효율성

글쓰기의 반복적인 작업을 자동화하여 시간을 절약하고, 창의적인 작업에 더 많은 에너지를 집중할 수 있게 도와준다.

생산성 향상

한정된 시간 내에 더 많은 콘텐츠를 제작할 수 있으며, 이를 통해 콘텐츠 제작의 생산성이 크게 향상된다.

높은 품질

AI가 제공하는 글은 문법적 오류가 적고, 자연스러운 문장 구조를 갖추고 있어 높은 품질의 글을 빠르게 얻을 수 있다.

저비용 고효율

인력 비용을 절감하면서도 빠른 시간 내에 다양한 형태의 콘텐츠를 만들 수 있는 점에서 경제적이다.

wrtn은 글쓰기에 시간과 노력을 절약하고, 보다 창의적인 작업을 가능하게 하는 AI 도구이다. 마케팅 문구 작성, 블로그 포스트 작성, 이메일 작성 등 다양한 영역에서 활용될 수 있으며, 특히 콘텐츠를 빠르고 효율적으로 생산해야 하는 사람들에게 유용한 도구로 자리 잡았다.

Lilys AI(릴리스) www.lilys.ai/home

Lilys AI는 사용자의 시간을 절약하고 정보 접근성을 높이기 위해 설계된 인공지능 기반 도구이다. 이 AI는 주로 유튜브 동영상과 같은 시청 콘텐츠의 요약에 특화되어 있으며, 긴 영상을 빠르게 분석하여 핵심 내용만 추출하는 것이 주요 기능이다. 사용자는 영상을 직접 시청하지 않아도 이 요약을 통해 중요한 정보를 빠르게 얻을 수 있다.

Lilys AI는 동영상 및 텍스트 요약에 특화된 인공지능 도구로, 복잡하고 긴 정보를 간결하게 요약하는 데 매우 뛰어난 성능을 발휘한다.

정교한 영상 요약

Lilys AI의 주요 기능 중 하나는 유튜브 영상 요약이다. 많은 경우, 긴 교육 동영상이나 강의를 전부 시청하기 어렵거나 시간이 부족할 때, Lilys AI가 비디오의 주요 내용을 추출하여 요약본을 제공한다.

자연어 처리(NLP)

영상의 자막이나 오디오 데이터를 분석해 텍스트 형태로 변환하고, 그 텍스트에서 중요한 키워드를 추출한다.

요약 알고리즘

AI는 텍스트를 분석한 후 중요한 주제와 흐름을 파악해 간결하고 논리적으로 정리된 요약본을 생성한다.

텍스트 요약과 분석

Lilys AI는 긴 텍스트 문서의 요약에도 탁월한 성능을 보여준다. 예를 들어 연구 논문, 비즈니스 보고서, 기술 문서 등을 빠르게 요약할 수 있으며, PDF 파일 형태로 된 문서도 분석할 수 있다. 이 AI는 단순히 텍스트를 잘라내는 것이 아니라, 다음과 같은 과정을 통해 정보를 압축한다.

의미 분석

각 문장에서 핵심 의미를 파악하고, 중요한 정보와 덜 중요한 정보를 구분한다.

논리적 구조 분석

문서의 전체적인 논리 구조를 파악해 흐름을 유지하면서 요약본을 제공한다. 이러한 기능은 긴 문서나 복잡한 기술 자료를 빠르게 이해하고자 할 때 매우 유용하다.

카카오톡과 같은 메신저 플랫폼 지원

Lilys AI는 카카오톡과 연동되어 있어 사용자는 카카오톡 채널을 통해 간편하게 요약 기능을 사용할 수 있다. 사용자는 유튜브 링크나 문서 파일을 채팅창에 입력하면 Lilys AI가 자동으로 요약을 생성하여 응답한다. 이는 모바일 사용자를 위한 편리한 기능으로, 별도의 애플리케이션 설치 없이도 요약 기능을 활용할 수 있다.

〈유튜브 캡처〉

상대적으로 높은 성능

Lilys AI는 많은 유사 도구들과 비교해도 높은 정확도와 효율성을 자랑한다. 특히 다른 요약 도구들이 제공하는 요약본이 부정확하거나 지나치게 간략한 반면, Lilys AI는 중요한 정보들을 놓치지 않고 포함하며, 사용자가 원하는 정보를 신속하게 얻을 수 있도록 돕는다. 이는 Lilys AI의 강력한 AI 알고리즘 덕분으로, 기존의 도구와 비교해 한 단계 발전한 성능을 제공하는 것으로 평가받고 있다.

사용자 중심의 설계

Lilys AI는 매우 사용자 친화적인 인터페이스와 직관적인 디자인을 갖추고 있어 기술적 배경이 없는 사람들도 쉽게 사용할 수 있다. 복잡한 절차 없이 단순히 링크를 입력하거나 파일을 업로드하는 방식으로 요약을 생성할 수 있으며, 이를 통해 다양한 사용자층이 Lilys AI를 사용하고 있다.

학생들

긴 교육 동영상이나 강의를 요약해 중요한 개념을 빠르게 습득할 수 있다.

비즈니스 전문가

회의 녹화본이나 보고서를 요약하여 회의 준비 시간을 줄이고 더 효율적으로 업무를 진행할 수 있다.

콘텐츠 소비자

긴 엔터테인먼트 영상이나 뉴스 비디오를 요약해 빠르게 중요한 내용을 파악할 수 있다.

Lilys AI는 영상 및 텍스트 요약에 특화된 AI 도구로, 현대인들이 시간과 노력을 절약할 수 있도록 설계되었다. 유튜브와 같은 영상 플랫폼뿐만 아니라 텍스트 문서에서도 뛰어난 요약 기능을 제공하며, 카카오톡과 같은 메신저 플랫폼을 통해 접근성을 높였다. 빠르게 성장하는 서비스로, 앞으로도 더 많은 사용자에게 도움을 줄 수 있는 도구로 자리 잡을 것으로 보인다.

cockatoo.ai(카카투) www.cockatoo.com

cockatoo.ai는 오디오 및 비디오 파일을 텍스트로 변환하는 인공지능(AI) 기반의 전사 서비스이다. 이 플랫폼은 다양한 산업 분야에서 빠르고 정확한 전사가 필요한 사용자들에게 효율적인 솔루션을 제공한다. cockatoo.ai는 저널리스트, 팟캐스터, 콘텐츠 제작자, 교육자, 법률 전문가 등 다양한 직업군에서 유용하게 활용될 수 있다. 이 AI 툴은 정확도 면에서 최대 99.8%에 달하며, 1시간 분량의 오디오 파일을 2~3분 만에 전사할 수 있는 뛰어난 속도를 자랑한다.

• 주요 기능 및 특징

다양한 언어 지원

cockatoo.ai는 90개 이상의 언어를 지원하며, 전 세계적으로 다양한 사용자가 접근할 수 있다. 또한, 각종 억양과 배경 소음을 효과적으로 처리하여 고품질의 전사를 제공한다.

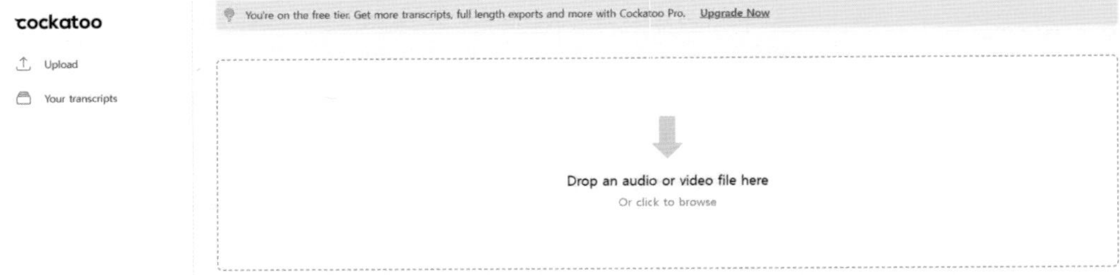

빠른 전사 속도

cockatoo.ai는 시간당 2~3분 내에 오디오나 비디오 파일을 텍스트로 전환할 수 있다. 이는 다른 전사 서비스들보다 훨씬 빠른 처리 속도로, 많은 양의 데이터를 짧은 시간 안에 처리해야 하는 사용자들에게 매우 유리하다.

다양한 파일 형식 지원

사용자는 DOCX, PDF, TXT, SRT 등 여러 형식으로 전사된 파일을 내보낼 수 있다. 이는 전사된 텍스트를 다양한 용도로 활용할 수 있게 해준다. 예를 들어, SRT 파일로 내보내어 자막 파일로 활용하거나 PDF로 저장해 문서 형식으로 사용할 수 있다.

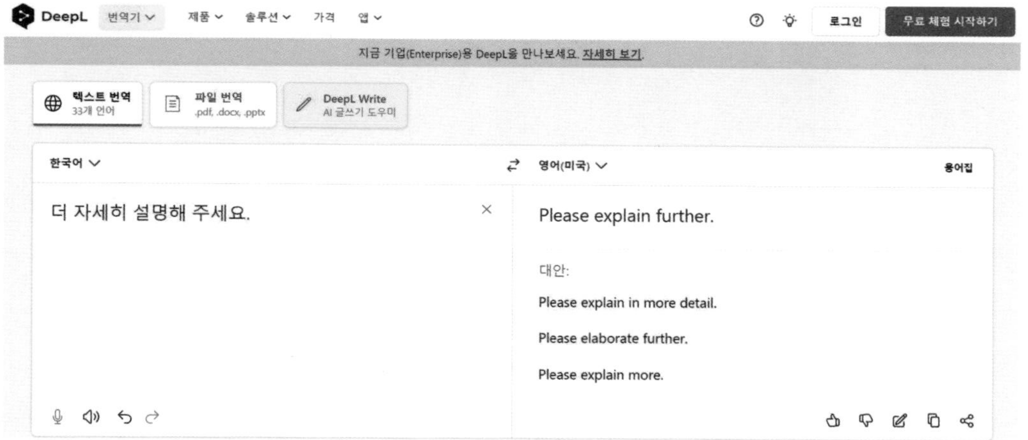

DeepL(딥엘) www.deepl.com

DeepL은 고품질의 기계 번역 서비스를 제공하는 인공지능 기반 번역기이다. 2017년에 독일의 스타트업 DeepL GmbH에 의해 처음 출시되었으며, 출시 직후부터 뛰어난 번역 품질로 주목받았다. DeepL은 현재 다양한 언어 간의 번역을 지원하며, 개인 사용자부터 기업까지 폭넓은 사용층을 확보하고 있다.

• DeepL의 핵심 특징

고품질 번역: DeepL은 다른 번역기들, 특히 구글 번역(Google Translate)과 비교할 때 뛰어난 번역 품질을 제공한다. 이는 DeepL의 신경망 기반 번역 시스템이 단어와 문장을 개별적으로 번역하는 대신 문맥을 이해하여 자연스러운 번역을 생성하기 때문이다. 문장 내에서 단어의 의미를 보다 정확히 파악하고, 문맥에 따라 적절한 번역을 제공하는 것이 DeepL의 큰 장점이다.

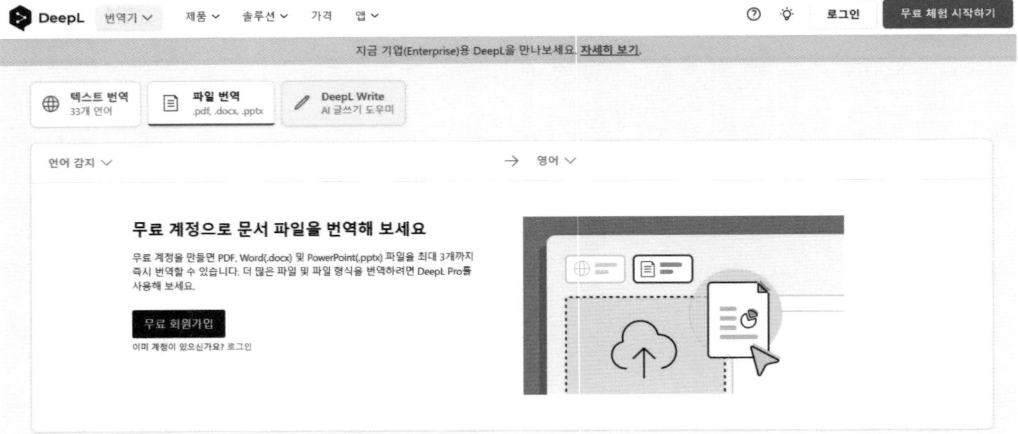

사용자 친화적인 인터페이스

DeepL의 웹사이트와 애플리케이션은 매우 간단하고 직관적인 사용자 인터페이스를 제공한다. 사용자는 쉽게 텍스트를 입력하거나 문서를 업로드하여 번역할 수 있으며, 번역 결과는 실시간으로 제공된다. 또한 번역 결과를 사용자가 선택하여 수정을 가할 수 있어 더 정교한 번역을 만들 수 있는 기능도 제공한다.

다양한 언어 지원

DeepL은 30개 이상의 언어를 지원하며, 이 중에는 영어, 독일어, 프랑스어, 스페인어, 이탈리아어, 네덜란드어, 중국어, 한국어, 일본어 등 주요 언어들이 포함되어 있다. DeepL은 지속적으로 언어를 추가하고 있으며, 더 많은 언어를 위한 지원도 계획이다.

문서 번역 기능

DeepL은 단순히 텍스트만 번역하는 것이 아니라, Word(.docx)나 PowerPoint(.pptx) 파일 같은 문서 형식도 번역할 수 있는 기능을 제공한다. 이 기능을 통해 문서의 형식을 유지하면서도 정확한 번역을 제공할 수 있다. 예를 들어 문서 내의 제목, 본문, 도표 등의 레이아웃이 깨지지 않도록 번역할 수 있다.

프리미엄 서비스

DeepL은 무료 서비스와 함께 DeepL Pro라는 유료 구독 서비스를 제공한다. DeepL Pro는 더 높은 보안 수준과 빠른 처리 속도, 더 큰 파일 크기의 문서 번역 지원 등을 특징으로 하며, 기업 사용자나 전문 번역가들에게 적합하다. 또한, DeepL Pro 사용자는 번역된 문서에 광고가 포함되지 않으며, 데이터가 저장되지 않는 점이 보장된다.

번역 API 제공

DeepL은 기업이나 개발자가 자사의 애플리케이션에 번역 기능을 통합할 수 있도록 API 서비스를 제공한다. 이를 통해 다양한 산업 분야에서 DeepL의 번역 기술을 활용할 수 있다. 예를 들어 전자상거래 플랫폼에서 다국어 번역을 제공하거나, 고객 지원 시스템에서 실시간 번역을 사용하여 글로벌 고객과 소통하는 데 사용할 수 있다.

번역의 정확성과 자연스러움

DeepL은 다른 기계 번역 서비스보다 자연스러운 번역을 제공하는 것으로 평가받는다. 이 자연스러움은 특히 문장 구조가 복잡하거나 비즈니스 문서, 기술 문서, 또는 문학 작품과 같은 섬세한 번역이 요구되는 상황에서 두드러진다. DeepL은 문맥을 파악하고, 정확한 어휘와 구문을 선택하여 문장을 자연스럽고 의미가 통하는 형태로 번역한다. 예를 들어 관용 표현이나 문법적인 뉘앙스를 잘 반영하여 더 완성도 높은 번역을 생성한다.

DeepL은 기계 번역 분야에서 꾸준히 기술을 발전시키며 글로벌 시장에서 중요한 위치를 차지하고 있다. 특히 인공지능과 신경망 기술의 발전에 따라 DeepL의 번역 품질은 더욱 향상될 것으로 기대된다. 또한, DeepL의 번역 API는 다양한 산업에서 활용될 수 있는 가능성을 열어주며, 글로벌 비즈니스 환경에서 점차 중요한 역할을 할 것으로 보인다.

DeepL은 현재 시장에서 가장 정교하고 자연스러운 번역 도구 중 하나로, 다양한 사용자가 필요로 하는 언어 번역 서비스를 제공하고 있다. 기술의 지속적인 발전과 더 많은 언어 지원을 통해 DeepL은 기계 번역의 선두주자로서 그 위치를 더욱 확고히 할 것으로 예상된다.

클로징

PART 21

새로운 시대를 향하여

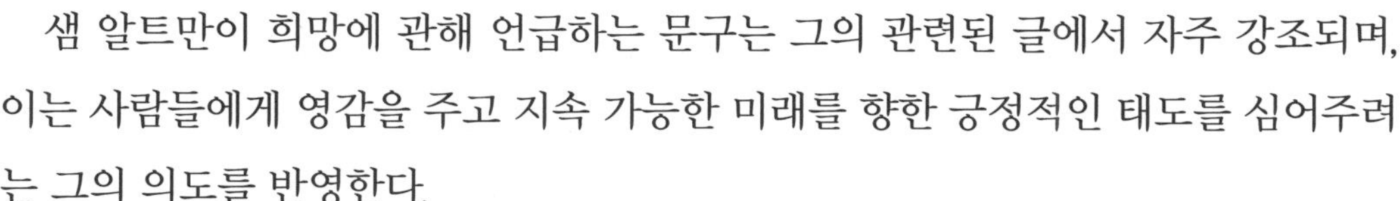

이 책을 구입한 독자에게 전하는 희망의 말

샘 알트만이 희망에 관해 언급하는 문구는 그의 관련된 글에서 자주 강조되며, 이는 사람들에게 영감을 주고 지속 가능한 미래를 향한 긍정적인 태도를 심어주려는 그의 의도를 반영한다.

그의 메시지 중 하나는 우리가 직면한 문제들, 특히 기술 발전과 관련하여 이것들이 우리에게 기회를 제공한다는 것이다. AI가 인류의 미래를 바꿀 수 있는 잠재력을 지니고 있음을 인식하며, 그는 이 기술이 창의성, 산업, 사회를 어떻게 재편할 수 있는지에 대해 낙관적인 전망을 가지고 있다.

그는 "AI가 사회를 재구성할 미래"를 이야기한다. 이는 AI 기술이 우리가 알고 있는 사회를 변화시키고, 더 나은 삶의 질, 더 효율적인 작업 수행, 더 창의적인 아웃풋을 만들어낼 것이라는 전망을 담고 있다. 샘 알트만의 말은 독자들에게 AI 기술이 가져올 긍정적인 변화를 수용하고, 이를 자신의 삶과 일에 접목시켜 성장의 기회로 삼을 것을 격려한다.

"우리의 미래는 AI에 의해 재정의될 것이며, 이는 인간으로 하여금 더 큰 가능성을 탐구하고, 자신의 잠재력을 실현할 수 있는 새로운 경로를 열어줄 것이다. AI와 협력하여 우리의 삶을 더 풍요롭고 의미 있게 만드는 것, 그것이 바로 우리가 나아갈 길이다." 이와 같은 희망의 메시지는 그가 공유하는 긍정적인 비전의 일부로, 기술과 인간이 어떻게 함께 진보할 수 있는지를 제시한다.

기술적 혁신의 잠재력

샘 알트만은 인공지능과 같은 기술적 혁신이 사회, 경제, 의료 등 다양한 분야에서 긍정적인 변화를 이끌어낼 수 있다고 믿는다. 그는 이러한 변화를 긍정적으로 받아들이고, 기술이 가져다주는 혜택을 최대한 활용할 것을 권장할 수 있다.

문제 해결에 대한 낙관주의

오픈AI와 샘 알트만은 인공지능이 지구 온난화, 질병 퇴치, 빈곤 감소와 같은 인류의 큰 문제들을 해결하는 데 기여할 수 있다고 보고 있다. 그는 현재의 도전과제에 직면하여도 해결책을 찾을 수 있다는 낙관적인 태도를 갖추도록 격려할 수 있다.

윤리적 기술 개발의 중요성

샘 알트만은 기술 개발 과정에서 윤리와 책임감을 갖는 것이 중요하다고 강조한다. 그는 기술이 사회에 미치는 영향을 신중하게 고려하고, 지속 가능하고 포용적인 미래를 위해 함께 노력할 것을 호소할 수 있다.

이 책을 읽게 되면 좋은 마케팅 비법

샘 알트만에 관한 책을 마케팅하는 캠페인을 계획한다면, 그의 혁신적인 사고와 오픈AI를 통한 기술적 성과, 그리고 사회에 미치는 영향을 중심으로 전략을 수립해야 한다. 다음은 샘 알트만에 관한 책을 읽고 기업이나 독자, 일반인이 알아야 할 자세한 마케팅 캠페인 전략이다.

혁신적인 사고의 접근

오픈AI의 CEO이자 기술의 선구자로서 샘 알트만의 통찰을 통해 독자들은 혁신적인 사고방식을 배울 수 있다.

AI 기술에 대한 심층적 이해

인공지능의 미래와 그것이 인류에게 미치는 영향에 대한 깊은 이해를 얻을 수 있다.

영감을 주는 리더십

샘 알트만의 리더십 스토리를 통해 자신의 비즈니스나 프로젝트에 적용할 수 있는 영감을 얻게 된다.

창업과 혁신에 대한 안내

기술 창업과 혁신에 필요한 실질적인 조언과 전략을 배울 수 있어 자신의 아이디어를 실현하는 데 도움이 된다.

미래지향적인 생각

샘 알트만의 미래에 대한 비전은 독자들이 미래 기술 트렌드에 대한 이해를 키우고 준비하는 데 도움을 준다.

사회적, 윤리적 문제에 대한 고민

AI 기술의 사회적, 윤리적 측면에 대해 생각해 보고 토론할 수 있는 지식의 기반을 제공한다.

업계 전문 지식의 습득

샘 알트만과 오픈AI에 대한 상세한 배경 지식은 기술 업계에서의 대화와 네트워킹에 귀중한 자산이 된다. 이 책은 단순한 이론적 지식을 넘어서, 현재와 미래의 기술 발전을 이해하고 싶어 하는 사람들에게 실질적인 가치를 제공할 것이다. 독자들은 샘 알트만의 경험에서 배워 자신의 경력이나 비즈니스를 한 단계 끌어올릴 수 있는 도구와 영감을 얻게 될 것이다.

실리콘밸리 혁신의 최전선 경험

샘 알트만과 오픈AI의 성공 이야기를 통해 실리콘밸리의 혁신적인 비즈니스 환경과 스타트업 문화를 깊이 이해할 수 있다.

비즈니스 전략의 이해

빠른 성장과 시장 지배를 위한 전략과 기술을 배워 자신의 비즈니스에 적용할 수 있다.

AI와 미래 사회에 대한 통찰

AI 기술이 사회를 어떻게 변화시키고 있는지, 그리고 그 변화 속에서 인간의 역할과 AI의 윤리적 문제에 대해 성찰할 기회를 제공한다.

인플루언서의 실제 경험

샘 알트만의 경험은 오픈AI의 창업 및 운영에 대한 실제 사례를 통해 혁신적인 기술 회사의 운영 방식을 이해하는 데 큰 도움이 된다. 이 책을 통해 샘 알트만이

라는 인물의 성공과 실패, 그리고 인간과 AI의 미래에 대한 그의 철학을 통해 개인적인 성장과 직업적인 발전 모두에 큰 자극을 받을 수 있을 것이다.

조성수

- e-Mail | golfmonthly@empal.com
- 블로그 | [골프먼스리] https://blog.naver.com/3dprintingm
- 페이스북 | [조성수] https://www.facebook.com/profile.php?id=100092839612544
- 인스타 | [@golfmonthlyceo] https://www.instagram.com/golfmonthlyceo/
- 유튜브 | [매거진TV · MAGAZINE TV · 한국매거진방송 KMB]
  https://www.youtube.com/channel/UCP23biF1Q9aWd7wpcMzo-Nw
- 틱톡 | www.tiktok.com/@golfmonthlyking

- 중앙대학교 경영학과 졸업
- 한국AI교육협회 부회장
- 국제미래학회 디지털교육위원장
- 챗지피티인공지능지도사협회 수석부회장
- 퍼블리싱킹콘텐츠 대표
- 골프먼스리코리아 대표
- 3D프린팅매거진 대표
- 한국골프미디어협회 회장
- 국가공인 평생교육사
- 국가공인 텔레마케팅관리사
- 국가공인 행정관리사
- 사)한국중소출판협회 수석부회장 역임
- 사)한국잡지협회 디지털매거진 AI 위원장 역임
- 사)한국잡지협회 이사, 감사역임
- 한국잡지연구소 위원장 역임
- 백강포럼 정회원
- 한국AI융합강사협회 강사
- 챗GPT인공지능지도사 1급(과학기술정보통신신부 허가)
- 생성형AI융합지도사 1급(과학기술정보통신신부 허가)
- 인공지능AI활용지도사(한국자격교육협회)
- AI프로젝트 지도사1급(한국직업능력진흥원)
  인공지능(AI)전문가, ESG전문가
- NFT2급전문가

저서

- 대한민국 4차 산업혁명 마스터플랜(2017) 광문각
- 타이거우즈 라이프 스타일(2023) 열린 인공지능

수상

- 문화체육관광부 장관 표창 수상(2011)
- 서울시 의회 의장 우수 기자상 수상(2022)

2024년 10월 10일 1판 1쇄 인 쇄
2024년 10월 20일 1판 1쇄 발 행

지 은 이 : 조 성 수

펴 낸 이 : 박 정 태

펴 낸 곳 : **주식회사 광문각출판미디어**

10881
파주시 파주출판문화도시 광인사길 161
광문각 B/D 3층
등 록 : 2022. 9. 2 제2022-000102호
전 화(代): 031-955-8787
팩 스 : 031-955-3730
E - mail : kwangmk7@hanmail.net
홈페이지 : www.kwangmoonkag.co.kr

ISBN : 979-11-93205-37-2 03000

값 : 25,000원

한국과학기술출판협회회원

불법복사는 지적재산을 훔치는 범죄행위입니다.

저작권법 제97조 제5(권리의 침해죄)에 따라 위반자는 5년 이하의
징역 또는 5천만원 이하의 벌금에 처하거나 이를 병과할 수 있습니다.